A PERDA DO SEIO

UM TRABALHO PSICANALÍTICO INSTITUCIONAL COM MULHERES COM CÂNCER DE MAMA

Rubia Nascimento Zecchin

A PERDA DO SEIO

Um trabalho psicanalítico institucional com mulheres com câncer de mama

FAPESP
Casa do Psicólogo®
educ

1ª edição
2004

Editores
Ingo Bernd Güntert e Myriam Chinalli

Assistente Editorial
Sheila Cardoso da Silva

Produção Gráfica & Editoração Eletrônica
Renata Vieira Nunes

Foto da Capa
"Dreaming nude", de Terry Flynn, África do Sul

Capa
Willian Eduardo Nahme

Revisão
Luís Carlos Peres

Dados Internacionais de Catalogação na Publicação (CIP)
(Câmara Brasileira do Livro, SP, Brasil)

Zecchin, Rubia Nascimento
A perda do seio: um trabalho psicanalítico institucional com mulheres com câncer de mama / Rubia Nascimento Zecchin. — São Paulo : Casa do Psicólogo®: FAPESP: EDUC, 2004.

Bibliografia.
ISBN 85-7396-349-2 (Casa do Psicólogo)
ISBN 85-283-0301-2 (Educ)

1. Câncer em mulheres – Cuidados institucionais 2. Câncer em mulheres – Aspectos psicológicos 3. Mama – Cãncer – Aspectos psicológicos 4. Mama – Cãncer – Cirurgia 5. Psicanálise I. Título

04-5900 CDD-615.85156

Índices para catálogo sistemático:
1. Arteterapia: Aspectos psicológicos: Ciências médicas 615.85156

Impresso no Brasil
Printed in Brazil

Casa do Psicólogo® Livraria e Editora Ltda.
Rua Mourato Coelho, 1.059 – Vila Madalena – 05417-011 – São Paulo/SP – Brasil
Tel./Fax: (11) 3034.3600 – E-mail: casadopsicologo@casadopsicologo.com.br
http://www.casadopsicologo.com.br

Educ – Editora da PUC-SP
Rua Ministro Godói, 1197, Perdizes – CEP. 05015-001 – São Paulo/SP
Fone/Fax: (11) 3873-3359 – E-mail: educ@pucsp.br
Site: www.pusp.br/educ

AGRADECIMENTOS

RENATO MEZAN foi meu orientador neste trabalho. Sua presença e acolhimento me permitiram construir e dar corpo a este projeto e atravessar as angústias e obstáculos difíceis que apareceram ao longo do caminho. Tenho profunda gratidão a ele. Não poderia deixar de agradecer ao Dr. Domingos A. Petti, que nos recebeu de portas abertas para implantarmos o serviço de psicanálise no IGM. Ouviu-nos, ouvindo suas pacientes e ensinando seus residentes a escutarem suas pacientes. Também ao Dr. Rubens M. Volich, que me convidou para integrar a equipe de psicanalistas do CEM – Centro de Estudos da Mama, e assim me propiciou esta experiência ímpar.

Dr. Thomaz Rafael Gollop, profissional da área médica que sabe escutar, e que permite às suas pacientes experimentar a diferença que faz ter esta modalidade de acolhimento.

Muitas pessoas me acompanharam de perto nesta empreitada, Dr. Carlos Eduardo Domene, Dr. Eduardo Carneiro de Lyra, Dra. Cristina R. Magalhães, Dr. Fabio Herrmann, Sanzio, companheiro e suporte dos momentos mais difíceis, Cristiane Samarone, Silvio Hotimsky, Naisa, Naná, parceira insubstituível na construção da consciência do corpo, Maria da Penha Z. Lanzoni, Dr. Mário Lúcio Alves Baptista, Mara Caffé, Nelson Motta Mello.

Agradeço às minhas pacientes.

Minhas filhas, Marina e Gabriela, que sempre me deram muita força para eu seguir, mesmo quando parecia não haver mais estrada à frente. Elas foram e sempre serão amores da minha vida. Minhas irmãs, Adriana e Lia Paula, presentes e incansáveis em todas as horas. Outros amores foram fonte de energia e força para mim, os afilhados Giulia, Luana, Taiana e Émerson, meus "filhos" Rafael, Ana Júlia, Pedro Ivo e Natália Zecchin.

Tantos outros amigos e amigas que estiveram presentes, de formas diferentes, mas muito importantes pela força, carinho e por acreditarem que valia a pena: Ivoty Macambira, Ina Sinisgalli, Beatriz Pinheiro, Elizabeth Lacombe Franco, Silvana Almeida, Cristina Raglione, Suely Mendes, Sanny da Silva Rosa, Décio Gurfinkel, Luciana Koppellman.

Agradeço ao **CNPQ**, pela bolsa que me permitiu sustentar este projeto e à **FAPESP** pelo financiamento que contribuiu na feitura do livro.

As Contradições do Corpo

Meu corpo não é meu corpo,
é ilusão de outro ser.
Sabe a arte de esconder-me
e é de tal modo sagaz
que a mim de mim ele oculta.

Meu corpo, não meu agente,
meu envelope selado,
meu revólver de assustar,
tornou-se meu carcereiro,
me sabe mais que me sei.

Meu corpo apaga lembrança
que eu tinha de minha mente.
Inocula-me seu *pathos*,
me ataca, fere, condena
por crimes não cometidos.

O seu ardil mais diabólico
está em fazer-se doente.
Joga-me o peso dos males
que ele tece a cada instante
e me passa em revulsão.

Meu corpo inventou a dor
a fim de torná-la interna,
integrante do meu Id,
ofuscadora da luz
que aí tentava espalhar-se.

Outras vezes se diverte
sem que saiba ou que deseje,
e nesse prazer maligno,
que suas células impregna,
do meu mutismo escarnece.

Meu corpo ordena que eu saia
em busca do que não quero,
e me nega, ao se afirmar
como senhor do meu Eu
convertido em cão servil.

Meu prazer mais refinado,
não sou eu quem vai senti-lo
é ele, por mim, rapace,
e dá mastigados restos
à minha fome absoluta.

Se tento dele afastar-me,
por abstração ignorá-lo,
volta a mim, com todo o peso
de sua carne poluída,
seu tédio, seu desconforto.

Quero romper com meu corpo,
quero enfrentá-lo, acusá-lo
por abolir minha essência,
mas ele sequer me escuta
e vai pelo rumo oposto.

Já premido por seu pulso
de inquebrantável rigor,
não sou mais quem dantes era:
com volúpia dirigida,
saio a bailar com meu corpo.

Carlos Drummond de Andrade

Sumário

Prefácio

O repúdio ao ouvir e falar do que nos afeta radicalmente, a doença, e por trás dela a presença contundente da morte, é uma atitude padrão na conduta médica. Raríssimos médicos não se fecham imediatamente para os sinais de sofrimento de seu paciente. Fecham-se banalizando, tornando-se duros e autoritários ou distantes. Faltam-lhes "instrumentos": uma concepção do humano concordante com um proceder, isto que nós analistas passamos, a bem da verdade, anos para adquirir e para saber manter.

A atitude de rejeição rapidamente adotada na consulta médica, antes que a angústia inunde e arraste a ambos, médico e paciente, mais do que padrão, é prototípica. Mostra-se com muita força em todos quando a voz alarmante da estatística que paira sobre as mulheres desce do éter e se cristaliza. Uma em cada onze, uma em dez e, atualmente, uma em nove: não há dúvida que crescem os atentados ao seio. É com isto que Rubia se confrontou, principalmente no início de sua pesquisa.

É com a pergunta "por que eu?", que Rubia Zecchin ouve das mulheres atingidas pelo câncer de seio, que uma reconstituição do corpo/sujeito, como diz a autora, pode se iniciar. A pergunta é uma queixa e também movimento em direção à causalidade que pode, no entanto, abrir-se para uma busca subjetiva. Há a possibilidade de instalar-se uma nova relação com o corpo onde ele não figure como um objeto de uso ou para que a relação com ele não se dê segundo um valor simbólico rigidamente estabelecido no grupo familiar ou no âmbito social mais amplo.

"Quando estou sozinha não fico nem comigo", me disse, há alguns anos, uma paciente. Para estar consigo necessita da mediação do outro. É disto que trata a autora neste livro que resulta de uma investigação clínica psicanalítica em hospital geral e de sua fundamentação metapsicológica, as quais compuseram sua dissertação de mestrado. Um entorno surdo leva ao constrangimento, à vergonha, à negação, ao emudecimento de quem foi atingido. Quase não acredito no que ouço quando pergunto "como vão as coisas?" para uma pessoa cuja irmã recebeu o diagnóstico de câncer de mama. "Na nossa família está tudo ma-ra-vi-lho-so." Ter sérios problemas de saúde é sinal de fracasso e de incompetência. Impacta e a seguir atrapalha. Sozinha com sua dor, a doente se perde dela mesma e do que pode ser, segundo a descoberta de Rubia Zecchin, uma experiência única.

O achado central desta investigação se desdobra e reforça e busca ancoragem em laboriosos esforços de teorização psicanalítica ao longo do percurso. O que descobre nossa autora? O diagnóstico de câncer de seio e a intervenção cirúrgica que se sucede podem desencadear um importante efeito desopacificador na vida: na identidade e na representação do mundo. O primeiro tempo, aquele do diagnóstico, gera uma suspensão traumática, uma grave escansão, um silêncio denso que se repete no impacto das marcas da cirurgia. A autora observa que este não é um trauma que se exaure na dessimbolização, na derrocada da capacidade criadora do eu. Há, sim, um fundamental momento em que o mundo pára, e a partir dele um ouvinte atento e psicanaliticamente informado pode ouvir os sinais da volta da atividade representativa, cuja produção brota de um mergulho na unidade primordial corpo-alma. Rubia Zecchin verifica que emergem lembranças, mas constata serem lembranças de outros acontecimentos traumáticos, evocação de outras perdas, outros presentes-passados chocantes.

A autora se pergunta porque estas mulheres intensamente afetadas pelo momento atual falam de situações traumáticas do passado. Curiosamente ou não nesta pergunta encontra-se a mesma questão tantas vezes levantada por Isaías Melsohn. Porque o paciente na sessão remete-se ao passado, movimento visível sobretudo nas aberturas de sessão? Eu diria que diante de um presente que tem o caráter de choque, de inesperado, o passado é convocado numa tentativa de restabelecer a temporalidade humana, o entremeamento do passado com o presente. Restabelece um recuo mínimo diante do puro presente, o que também é uma recuperação subjetiva. Podemos pensar que o encontro com o analista em cada sessão – se este mantém sua posição de estrangeiro, se o encontro não se banalizou –, tem o caráter de abrupto, de ruptura com a continuidade da vida quotidiana. Mas um abrupto que abre, não que imobiliza. Um abrupto que convoca à atividade configuradora originária. Podemos, com a Teoria dos Campos, conceber a atividade interpretativa mais essencial como tendo este propósito de abrir brechas e de aguardar o instante em que o mundo se recria, em que a atividade subjetiva se recria. Podemos entender que o papel do analista é não obscurecer e, ao contrário, estar atento para o que emerge, sustentar esta atividade e viabilizar ou melhor "visibilizar" o sentido da produção do paciente para ele mesmo. Esta possibilidade de significação, em geral, se perde caso não haja alguém que a escute, recolha e a torne audível.

Nas pacientes ouvidas por Rubia Zecchin, o impacto do diagnóstico e da cirurgia é apenas comparável ao momento do encontro com o analista a cada sessão. Ambas as situações põem em jogo a morte, o corpo, a fina película da identidade estabelecida. Qual situação é parâmetro para a outra? Uma situação informa a outra, uma esclarece a outra, uma agudiza a percepção para a outra. Porém, o que eu tenho observado ultimamente é que, sem dúvida, a saída do *setting* convencional tem aberto os olhos do psicanalista para o que é essencial em sua atividade e o tem enriquecido.

"Eu tenho uma teoria forte que me permite explorar as fronteiras de meu campo sem me perder", disse-me recentemente uma amiga, brilhante psicanalista lacaniana. O que Rubia escreve e nos deixa ver é que ela vai para este trabalho em hospital geral munida de um direcionamento de escuta, de um método, mais do que de uma teoria forte. Importa-lhe em primeiro lugar o que as pacientes irão manifestar no plano expressivo, no plano em que o corpo fala, por gestos, rubores ou palavras, mais do que uma teoria que lhe forneça matéria para a interpretação.

Depois do "achado clínico" ela vai às teorias para pensá-lo.

Marilsa Taffarel

Introdução

Este trabalho é resultado de uma experiência clínica realizada por uma equipe de psicanalistas que se uniu aos propósitos do Centro de Estudos da Mama (CEM), sob a coordenação do Dr. Rubens Marcelo Volich, que se vinculou, em 1997, ao Instituto de Ginecologia e Mastologia (IGM), do Hospital São Joaquim (Beneficência Portuguesa), instituto que é dirigido pelo Prof. Dr. Domingos A. Petti. A relação entre o CEM e o IGM iniciou-se como uma proposta experimental com projetos futuros.

O CEM tem como projeto conceber um trabalho, em meio médico institucional, para a abordagem das controvérsias psíquicas e sociais relativas à feminilidade, em geral, e ao seio em particular. A proposta é atuar segundo uma perspectiva multidisciplinar, promovendo a comunicação entre os diversos profissionais envolvidos no tratamento de pacientes com câncer de mama, bem como desenvolver o projeto em meio hospitalar, em colaboração com equipes de mastologia e oncologia mamária, com vistas a ampliar a compreensão e os recursos terapêuticos no trato desta patologia. A mama, ou o seio, seu representante simbólico que contempla o corpo atravessado pelo sexual, exerce uma função essencial na estruturação das experiências precoces e no desenvolvimento de todo ser humano, especialmente das mulheres. O seio tem dupla função: uma, primordial na estruturação do psiquismo, na dinâmica relacional entre a mãe e seu filho, e outra, na construção da sensualidade feminina. É exatamente numa equipe de mastologia que nos pareceu que poderíamos estar mais próximos de um número significativo de mulheres e poder escutá-las em seus conflitos em torno do seio, em particular, e da feminilidade em geral.

Nossa equipe era formada por cinco psicanalistas (sob a supervisão do Dr. Rubens Marcelo Volich). Além de ginecologistas e mastologistas, o IGM conta ainda com oncologistas, cirurgiões plásticos e patologistas.

Como esse projeto teve um caráter multidisciplinar, foi preciso ter o cuidado de especificar, logo no início, o ponto de vista a partir do qual considerei este trabalho. Sou psicóloga e psicanalista; portanto, foi a partir deste ângulo que busquei compreender e expor as questões com as quais tive que me haver.

Desde o início do trabalho, fomos integrados às reuniões clínicas semanais, que já existiam na dinâmica do IGM, em que os médicos discutiam os casos e definiam os procedimentos cirúrgicos e terapêuticos para as pacientes que seriam submetidas à cirurgia na semana seguinte.

A prática clínica hospitalar é, evidentemente, balizada por demandas muito diferentes daquelas com as quais nos deparamos na clínica quotidiana de consultório. Ainda que, freqüentemente, nossos pacientes cheguem ao consultório em momentos críticos, uma coisa é cuidar da alma, da dor psíquica, e outra é cuidar de alguém que se defronta com uma doença como o câncer de mama, algo que irrompe como um *acontecimento* na vida, no corpo da paciente, acontecimento este que se prolongará, de modo geral, por um longo período de tratamento, sem garantias de cura. E esta paciente, ao chegar ao serviço de mastologia, já tem sua história de vida pessoal necessariamente marcada por um somatório de outros pequenos traumas.

Paralelamente, é preciso destacar uma outra diferença fundamental entre o atendimento de consultório e o atendimento em contexto hospitalar. Acontece que, no contexto hospitalar, o atendimento realizado pelo analista é simultâneo à ocorrência do fato na vida da paciente, o que tem implicações clínicas muito peculiares. São mais freqüentes as demandas no sentido de intervenções pontuais, no tempo mesmo do acontecimento, aspecto que não vivemos no consultório, onde as pacientes trazem, na maioria dos casos, uma experiência vivida no passado, ainda que próximo. Dada a sincronia entre o atendimento e o acontecimento na vida da paciente, acabamos por desenvolver, através da observação, uma escuta mais aguçada, na medida em que contempla a qualidade inerente ao corpo de construir uma linguagem que lhe é própria, por exemplo, os gestos, o rubor na face, um pequeno movimento de projeção para frente que é contido, um olhar que diz da distância que a pessoa está daquela cena, o choro, o riso, o cenho franzido, um pé que balança sem parar indicando agitação, e quaisquer outros sinais que podemos incluir na escuta, se os pudermos olhar e ver. É evidente que podemos utilizar esses recursos – e de fato os utilizamos – no consultório, mas ali, no acontecer, é muito mais forte a importância destas pequenas mudanças, sutis e riquíssimas ao mesmo tempo.

Logo nos primeiros contatos, chamou a atenção de nossa equipe a gritante dificuldade dos médicos em se dar conta dos aspectos emocionais das pacientes, fosse durante as consultas, fosse no momento de comunicar o diagnóstico, ou ainda nas discussões clínicas a respeito dos casos. Salvo reações extremas das pacientes, como uma crise de choro ou uma recusa em se submeter à cirurgia, quaisquer outras manifestações de angústia, dor ou desamparo eram imperceptíveis aos médicos, como se nada estivesse acontecendo. Suponho que eles não tenham instrumentos que lhes permitissem dar-se conta do que estava acontecendo. O hospital está alicerçado num discurso que Clavereul (1983) denomina "A ordem médica" e que tem como premissa primeira articular o saber ao descerramento (abrir o que está cerrado, descobrir) do corpo como estrutura orgânica. Este procedimento, cada vez mais dirigido à objetividade científica, faz emergir seu aspecto positivo no singular avanço que a medicina propicia na restituição e prolongamento da saúde do corpo; entretanto, o preço tem sido um apagamento preocupante da subjetividade tanto de médicos quanto de pacientes. Há outras dimensões do humano que se manifestam nas situações de doença para além do que vê a medicina. Esse furor científico poderia ser redimensionado, no sentido de encontrar uma medida de humanização das relações, para que não mais tivesse o efeito paradoxal de operar no contrafluxo das intervenções médicas, reduzindo, por exemplo, as resistências à adesão aos tratamentos, tão freqüentemente presentes como queixas dos médicos. A humanização da relação médico-paciente pode ser uma via de maximização da tecnologia da saúde a favor do paciente e do médico.

Este vazio de linguagem que se estabelece entre as pessoas, neste contexto, acerca dos aspectos emocionais permeava todas as relações de um modo geral, entre os médicos, entre médicos e pacientes, entre pacientes e seus familiares, entre médicos e familiares da paciente, estendendo-se às secretárias. Porém, trata-se de uma deficiência muito comum em qualquer instituição hospitalar, ainda que possamos reconhecer muitas outras variáveis como causas desse estado de coisas. Sendo assim, o importante é sublinhar que este vazio de linguagem que constatamos em nossa experiência não deve ser visto apenas como um problema restrito ao IGM, e sim como deficiência presente nas instituições hospitalares em geral. Até certo ponto, este silêncio age em favor da vida, porque permite focar a atenção nos aspectos que determinam a cirurgia, na reconstrução mamária através da cirurgia plástica e nos outros procedimentos do tratamento. Porém, há que se humanizar as conseqüências que a introdução do método anatomoclínico, levado na atualidade a seu limite, produziu na medicina.[1]

[1] A introdução do método anatomoclínico na medicina data de 1800/1850. Trata-se da dissecção de cadáveres para o deciframento das doenças, ou seja, do estudo das alterações estruturais causadas por doenças.

Diante desse vazio de linguagem, nossa equipe – do CEM – definiu, como objetivo inicial, abrir um espaço para que os médicos considerassem a realidade emocional da paciente, em particular no momento da doença. Havia, entretanto, inúmeras dificuldades no encaminhamento destes objetivos. Não bastasse a quantidade excessiva de pacientes e a urgência dos casos com que tinham que lidar, os médicos pensavam, numa mesma reunião, procedimentos cirúrgicos e quimioterápicos, definiam as cirurgias plásticas e ministravam aulas. Estas eram dadas pelos médicos que estavam fazendo especialização, e nós, analistas, também tivemos oportunidade de fazer algumas apresentações para eles, onde buscamos pôr em evidência as questões que nos saltavam aos olhos. Enquanto isso, na sala de espera, as pacientes aguardavam o veredicto. Tal situação obviamente inviabilizou a inclusão na pauta, de forma mais profunda e ampla, das questões psíquicas, mas não impediu que a equipe de analistas ganhasse certa adesão dos médicos que, algumas vezes, solicitavam ajuda para pacientes que sofriam depressão após a cirurgia, ou que se recusavam aderir ao tratamento; tivemos, porém, dificuldade de implantar um serviço psicológico que funcionasse incorporado no todo do IGM.

Nossa tentativa de encaminhar o trabalho com os médicos, tanto no que diz respeito às discussões clínicas, como quanto a incluir no protocolo uma entrevista da paciente com a analista, encaminhada pelo médico, deparou-se com extrema resistência por parte dos médicos e também das pacientes. Isto levou os próprios médicos a proporem que os analistas estivessem presentes nas consultas para abordar questões emocionais que pudessem eclodir. Alguns membros da equipe de analistas discordaram do procedimento por entenderem que ele induzia a uma compreensão equivocada do trabalho analítico, isto é, mantinha-se a cisão entre o objetivo e o subjetivo, entre as evidências da reação das pacientes e o não reconhecimento disto pelos médicos. A meu ver isto era uma parte da verdade, porém a presença do analista marcaria o reconhecimento das questões emocionais e, ao longo do tempo, este procedimento poderia ser modificado até alcançarmos nosso objetivo. A despeito do desconforto inicial, era a ação possível no momento. Somente mais tarde possibilitou-se o encaminhamento de algumas pacientes para uma entrevista inicial. Também fazia parte do projeto permitir que as pacientes que assim o desejassem pudessem seguir com as analistas por mais algumas sessões, após a cirurgia. Era neste período pós-cirúrgico que a demanda das pacientes, por conta da depressão, e os pedidos dos médicos se tornavam mais freqüentes.

O Início da Experiência Clínica

A experiência vivida por estas mulheres era o que mais me tocava. A partir da experiência clínica, da dinâmica que acompanhei e compartilhei com elas e com os médicos, ficava cada vez mais claro que a vivência das pacientes era o que mais me mobilizava para o trabalho. Os aspectos que mais chamavam a atenção eram a cisão, em relação aos afetos, que permeava as relações, a ausência de reação das pacientes ao receber o diagnóstico de câncer de mama e frente à notícia da cirurgia mutiladora pela qual iriam passar. Disto elas não falavam! E ainda que quisessem falar não poderiam! Os médicos não as escutavam! Havia uma imobilidade dos médicos em indicar ou abrir algum espaço para que elas pudessem falar.

Vivi o conjunto dos acontecimentos de forma angustiante e me senti, algumas vezes, paralisada, outras tantas investida de buscar uma teoria que explicasse o surpreendente que me impactava. O que me tocava mais profundamente era a situação pela qual passavam as pacientes: a impossibilidade de falar, de dar expressão ao que estavam experimentando. Dentre os tantos fatores determinantes dessa impossibilidade, ressaltaria, em primeiro lugar, a conjunção da intensidade da experiência vivida por estas mulheres com a absoluta ausência de qualquer espaço para a manifestação de questões emocionais, que a realidade hospitalar operou devido a uma série complexa de razões. Em segundo lugar, apontaria a associação que acaba se estabelecendo entre a prática de consultas rápidas (com um tempo cada vez menor dedicado a cada paciente, numa tentativa de lidar com o grande número de casos e com a corrida contra o tempo) e a falta de espaço para a paciente poder falar, perguntar, questionar, discutir. A dor se irradiava para quem escutava e parte dessa paralisia poderia transformar-se numa escuta passiva mesmo, onde estar com a paciente já cumpria uma função terapêutica, embora a problemática não parasse por aí. Além disso, a equipe de analistas participava das reuniões clínicas conjuntas, partilhávamos de antemão algumas informações sobre as pacientes, o diagnóstico, o procedimento cirúrgico proposto, e algumas referências sobre o tratamento. A conjunção destes fatores, da antecipação das informações, da ausência de espaço para falarmos com as pacientes e garantir um mínimo de acolhimento para suas questões emocionais, até as dificuldades de realização do que a equipe, como um todo, havia decidido fazer, gerou uma angústia muito grande. Foi necessário muito trabalho analítico, pessoal e do grupo, para que eu pudesse seguir e compreender melhor, me localizar diante da situação, isto é, entender que, para cumprir a função terapêutica, seria necessário tempo para construí-la.

Ainda sobre a questão da antecipação, ficou estabelecido que os analistas poderiam participar das consultas médicas. O fato de sabermos do diagnóstico das pacientes implicou, contratransferencialmente, um obstáculo importante para a escuta. Antes do atendimento eu ficava "pré-ocupada" com as pacientes, com fantasias acerca de suas reações ante a perda e a dor, ao receber o diagnóstico, buscando teorias que pudessem me ajudar. Tais preocupações revelaram-se, *a posteriori*, como defensivas, pois, para se escutar uma paciente, é preciso, em parte, deixar-se levar para dentro da situação que ela traz e, em parte, manter o olhar e a escuta analítica atentos à dinâmica que se encena.

Para meu trabalho nesse contexto foi necessário definir a função terapêutica, e para tal utilizei a definição dada por Fábio Herrmann:

> *"A função terapêutica pode ser definida de diferentes maneiras. A forma mais simples e intuitiva, embora de discutível precisão, poderia ser a seguinte: na psicanálise bem-conduzida encontra-se a função terapêutica em grau ótimo, enquanto em atividades burocráticas ela tende a zero. Ocorre na maioria dos encontros humanos, conferindo-lhe humanidade, por um lado, mas de intensidade emocional e de poder de revelação que faz com que a própria realidade perca seu caráter de rotina".*[2]

Uma definição mais precisa tem de recorrer aos conceitos metodológicos da Teoria dos Campos, ou seja, à recuperação do método psicanalítico que este sistema de pensamento vem cumprindo. Fábio segue dizendo:

> *"A função terapêutica depende do campo transferencial estabelecido, é uma função transferencial, que tende a deslocar os valores racionais de senso comum, permitindo a emersão de representções..."*[3]

Em poucas palavras, o uso do método permite e autoriza, como um balizador, como um trabalho possível, intervenções pontuais, uma vez que será levado em consideração o que emergir.

O caminho de minhas elaborações me levou a uma verdadeira ruptura do campo que se me apresentava. Levou-me, em primeiro lugar, a desvelar o fenômeno do momento da cirurgia em que o registro do corpo é soberano para a percepção da mutilação e suas conseqüências. A vivência no corpo é soberana em relação ao discurso do médico quando este fornece, por exemplo, o diagnóstico; é o registro no corpo

---

[2] HERRMANN, F., DE LUCIA, M., MINERBO, M. Trabalho inédito, apresentado em outubro de 2000, num Congresso em Brasília.

[3] Idem.

que tem, efetivamente, o poder de instaurar um acontecimento. A partir deste acontecimento as pacientes choram, falam, deprimem e, da forma que podem, umas com mais, outras com menos recursos, outras ainda sem quaisquer recursos, vivem e externam o impacto desta realidade, cuja ausência, no momento do diagnóstico, eu tanto estranhava. Em segundo lugar, me dei conta de um outro aspecto fundamental: quando as pacientes falavam, especialmente no período pré-cirúrgico, não eram suas inquietações acerca deste dado da realidade externa e mais imediata, o diagnóstico, que surgiam. As falas se referiam a assuntos, de um modo geral, relacionados a problemas graves e importantes, atuais, de suas vidas, porém, quase nada sobre como se sentiam ao tomar contato com aquele primeiro momento – o do diagnóstico. Foi possível encontrar um sentido ao menos, para isto: o diagnóstico é dado pelo discurso médico, que detecta a doença através de aparelhos de alta tecnologia e precisão, que permitem ao médico descobrir a doença muitas vezes antes do aparecimento de seus sintomas. O desenvolvimento do câncer se dá, caracteristicamente, de forma silenciosa, ao menos em seu estágio inicial. O médico, portanto, nomeia um corpo doente sem que a paciente tenha qualquer referência *no seu corpo* que lhe sinalize a doença, que lhe permita se reconhecer como doente e se sentir ameaçada de morte. Seguramente a negação, forma defensiva e muito eficiente de lidarmos com situações de grande impacto, atua fortemente nestes momentos.

Por outro lado, e o mais importante, a elaboração de minhas angústias permitiu que eu desejasse escutar aquilo mesmo de que elas falavam, sem a interferência das fantasias perturbadoras que me tomavam por antecipação, tampouco de teorias que poderiam me engessar na compreensão do que se passava ou fazer sínteses que, tanto uma quanto a outra, me afastariam das pacientes. Assim foi possível oferecer-lhes a alternativa de uma abertura da escuta analítica. Ainda que o sofrimento orgânico, a mutilação e os tratamentos adjuvantes pelos quais estavam destinadas a passar fossem evidentes para nós, analistas, não necessariamente o eram para as pacientes.

Poder escutá-las abriu um outro caminho, qual seja, o de escutar os conflitos que, de modo implícito, buscavam algum sentido. Este momento permite, ainda que por linhas tortas, um certo lugar marcado com o traço do "ser cuidado". A importância desta descoberta alavanca a necessidade de se oferecer o trabalho psicológico para pacientes com câncer de mama, ou em qualquer trabalho institucional, com quaisquer pacientes que passam por condições semelhantes. Descolar-se da opacificação da escuta mostrou-se importante para as pacientes. Para nós, analistas, o desapego das angústias próprias, das fantasias que o câncer, em particular, promove em quem oferece o cuidado e, a meu ver, um certo distanciamento das teorias, sem o apagamento destas, evidentemente, permitiu o uso do método como instrumento de trabalho. Tudo isso se fez necessário para evitar que se impusesse algo e se opacificasse o que poderia surgir – por exemplo, tomar o tema "câncer de mama" de forma imperativa, introduzindo-o na conversa com a paciente sem que isto tenha partido dela. A experiência clínica indica que as representações que emergem, a partir da experiência da paciente, ainda que necessariamente associadas ao fato atual do câncer, falam também de outras vivências traumáticas já experimentadas no passado/presente pela paciente. Embora possa parecer óbvio clinicamente, o reconhecimento desta constatação marca uma diferença importante entre a prática do método psicanalítico e outros trabalhos existentes de apoio a pacientes com câncer de mama ou outras patologias que estão circunscritas numa geografia semelhante, isto é, cirurgias de grande porte, mutilações externas por acidentes e outras... Há aqui o reconhecimento na prática do que é aplicar o método da psicanálise tal como propõe a Teoria dos Campos.

A partir deste reconhecimento, o campo revela o que nele está: as pacientes falam de suas inquietações passadas, presentes, já vividas (os pequenos traumas) e não só do câncer, da cirurgia. Esses últimos passarão a circular em seus pensamentos gradativamente, de modo geral após a cirurgia, sendo agregados na vida e na história de cada paciente, *a posteriori*.

Nesse sentido, foi importante tanto aceitar a proposta dos médicos, de escutar essas pacientes antes da cirurgia, quanto acompanhá-las no decorrer do processo pós-operatório. Isso delimitou os dois aspectos fundamentais que deram origem a este trabalho, e puderam ser tomadas em consideração como contribuição clínica muito preciosa: em primeiro lugar, o reconhecimento de que a aparente dissociação entre a fala da paciente e o diagnóstico da doença, que eu tanto estranhava nas consultas, não necessariamente deve ser tomada como uma cisão, apesar da evidente presença de outros mecanismos de defesa; em segundo lugar, o surgimento dos aspectos emocionais após a experiência vivida no registro do corpo, diferença esta que sugere qualidades diferenciadas entre o que é vivido no corpo e o que é dado pelo discurso. Destas constatações surgiu a proposta deste trabalho, como um interpretante, digamos. Uma hipótese sobre o poder diferenciado do registro no corpo como algo que poderia remeter o sujeito da experiência a inscrições mais primitivas, ainda não representadas, e que justamente o registro no corpo poderia propiciar que tais inscrições pudessem ascender a representações. Também, como já afirmei, pude tratar a prática clínica proposta pela Teoria dos Campos: a diferença que há em poder deixar surgir para tomar em consideração e não trazer à tona hipóteses teóricas ou qualquer outra seleção antecipada pelo analista.

A psicossomática vem se constituindo como um saber especializado na abordagem do adoecer. No meio médico, principalmente, é a psicossomática que vem construindo um movimento progressivo no sentido de sensibilizar os médicos a reconhecer os componentes emocionais presentes em algumas doenças. O campo da psicossomática filiada à psicanálise teve origem nas descobertas freudianas. Georg Groddeck, Félix Deutch, Franz Alexander são nomes de pioneiros nesta área e beberam nas águas da psicanálise. Há um incremento nas pesquisas que procuram compreender as relações entre os estados emocionais e o sistema imunológico. Desde os anos 70 há um campo de pesquisa denominado Neuropsicoimunologia. "V. Riley descreve em 1981 o desenvolvimento dos tumores malignos transplantados em camundongos colocados em situações de estresse. R. Ader e seu grupo, em 1981, e Y. Shavit, em 1984, relatam os efeitos do estresse inevitável sobre o sistema imunológico. A descoberta de redes neurobiológicas complexas, ao mesmo tempo que os resultados de alguns estudos epidemiológicos bem-conduzidos, reforçou a hipótese de que fatores psicológicos podem intervir na gênese de doenças graves como o câncer. Na França, desde os anos 50, um grupo de psicanalistas, liderados por Pierre Marty, ampliou de maneira significativa a teoria e a clínica psicossomáticas, introduzindo uma continuidade conceitual e clínica entre a abordagem médica e psicanalítica da sintomatologia, tanto psíquica como somática."[4] Suas contribuições, para além das patologias clássicas onde se reconhece a participação de fatores emocionais e psíquicos, como as alergias, lombalgias, cefaléias, enxaquecas, hipertensão, distúrbios gastrointestinais, chegam também para os tratamentos de doenças graves como o câncer e para os soropositivos do HIV. Muito teríamos que aproveitar e aprender neste trabalho na linha deste campo da psicossomática psicanalítica; no entanto, o destino que este trabalho tomou me levou a priorizar mais especificamente a relação que as mulheres têm ou ficam impedidas de ter com o próprio corpo.

Antes de prosseguir, é preciso esclarecer que me foi muito útil a noção de acontecimento, tal como elaborada por Luís Claudio Figueiredo no texto "Escutar, recordar, dizer". Neste texto, Figueiredo trabalha a aproximação entre filosofia e psicanálise, cada campo representado por autores heideggerianos, como H. Maldiney, e psicanalistas como Ferenczi, Laplanche e Le Guen. A intersecção entre estes dois campos, a filosofia e a psicanálise, segundo Figueiredo, é feita justamente através do conceito de acontecimento, pois este nos coloca em contato tanto com a questão da temporalidade e da historicidade existenciais, como também com a questão do trauma.

[4] VOLICH, R. *Psicossoma II*, São Paulo, Casa do Psicólogo Editora, 1998, p. 19-21.

Tanto a questão da temporalidade quanto da historicidade existencial estão associadas aos dois pontos fundamentais que explicitei acima, referidos à experiência das pacientes que acompanhei. A noção de acontecimento é definida em primeiro lugar *como ocorrência e advento*; em segundo lugar, *a noção de trauma como acontecimento inconcluso*.

Diz Figueiredo:[5]

> "*Um acontecimento rompe a trama das representações e das rotinas. Há uma quebra, portanto, do que constituiu e dá sustentação ao tecido da realidade. Um outro aspecto importante é que o acontecimento promove uma transição para um novo sistema representacional. O acontecimento seria um disruptor de uma trama, um* destecedor – *neste sentido o acontecimento em si funcionaria como uma intervenção* analítica *no sentido próprio da palavra. O acontecimento* é a ruptura e a transição mesmas. *O acontecimento produz possibilidades e passibilidades. Dele mesmo surge e se configura o que nos tocou e como fomos tocados por ele. O acontecimento destroça e funda ao mesmo tempo. Como não podemos antecipar o acontecimento, este se torna figura paradigmática da alteridade, do estranho em mim, e ambos têm um lugar instituído* pela perda e como perda: *trata-se aqui da perda de uma ilusória totalidade. A questão da temporalidade, em relação ao acontecimento, supõe um tempo acontecimental, que divide o tempo em um antes e um depois, por exemplo, velhos tempos, novos tempos. Enquanto transita, o acontecimento deixa a presença em suspenso.*"

O conceito de acontecimento, como definido por Figueiredo, nos é de extrema valia porque dá conta de vários aspectos observados na clínica. Por exemplo: a ruptura de representações e das rotinas é visível, especialmente no momento pós-cirúrgico, onde estou localizando o tempo acontecimental. O trânsito para um novo sistema

[5] FIGUEIREDO, L. C. *Escutar, recordar, dizer*, São Paulo: Escuta, 1994, p. 151,152,153.

é evidente. Ao se romper a trama de representações há um tempo onde a paciente não se reconhece mais na mesma identidade em que se reconhecia antes do acontecimento. É um tempo no qual ela também fica neste *entre, em suspenso*, para *a posteriori,* reconstruir-se, resgatar-se, reconstituir-se, reorganizando novas tramas de representações. *O acontecimento é a ruptura e a transição mesmas*: Como algo que destroça mundo e funda mundo, possibilitando novas fenomenalizações, trata-se de um bom conceito para se pensar algumas experiências clínicas, semelhantes a esta, sugerindo a hipótese de que a abertura de uma fenda possibilitaria, justamente, que outras passagens acontecimentais surgissem, isto é, ao surgirem outras situações passadas, já vividas, estas sejam passíveis de representar-se através deste acontecimento. Em relação à temporalidade, há, evidentemente, um antes e um depois e é qualidade do tempo acontecimental o trânsito da irrupção de um inominável ao *a posteriori* do sentido, é o tempo em que se perde a identidade para depois reencontrá-la. O suspenso de presença e gerador de angústia acontece num longo período, em que a paciente terá que encontrar subsídios e recursos para dar conta. Figueiredo discute ainda a questão da *pulsão tradutiva*, como propõe Laplanche, como uma imposição de um trabalho de metaforização. Sugere que há um existente a ser *traduzido*: "*a tra-ducção conduziria o existente através ou, dito de outra maneira, faria transitar a existência do 'início' do acontecimento à sua (provisória) completude. Aliás, metaphora em grego diz 'eu transporto', de sorte que falar em tra-duzir e em metaforizar é a mesma coisa*"[6]. Isto está em sintonia com minhas observações, guardando um aspecto pontual que estabelece uma diferença: o que aqui está descrito teoricamente na clínica acontece à luz de intervenções que possam iluminar e permitir que a paciente possa nomear, representar, produzir psiquicamente todos estes aspectos descritos em torno do acontecimento. A alteridade colocada como paradigmática do

[6] *Idem*, p. 158.

inantecipável e da perda – perda de uma ilusória totalidade – é o que pretendo, que fique colocado na essência deste trabalho.

Estes dois pontos, a saber: o "deixar que surja para tomar em consideração" e o conceito de "acontecimento", juntaram-se nessa experiência clínica de uma forma muito interessante. Foi a partir do acontecimento que surgiram as manifestações singulares das pacientes relacionadas à experiência vivida naquele momento e, em mim, operou-se a ruptura de campo. Além disto o acontecimento sugere ser entendido como a saturação de um campo, dentro da Teoria dos Campos, algo que surge de forma intensa e muito próxima do que produziria uma revelação de análise, em que, em vez de propiciar a ruptura para novas representações, provoca defesas tão intensas que um traumatismo no paciente pode instaurar-se e paralisá-lo definitivamente. O acontecimento diluído em medidas adequadas seria o que provocaria a ruptura do campo, proposta do uso do método psicanalítico, na Teoria dos Campos. No caso da cirurgia, a saturação se daria pelo excesso que contém o acontecimento. Fica aqui o acontecimento como o elemento inevitável e disruptor deste campo ao qual me refiro. Na clínica quotidiana esta saturação se daria de outra forma.

O ato cirúrgico é um acontecimento que marca o **corpo e o si mesmo** do sujeito, considerando que há um forte vínculo estabelecido entre a psique e o corpo, este último vivido como a morada da psique e os dois caminham juntos. Sem maior preocupação com o rigor científico, faço aqui mais uma tentativa de aproximação do que seria fenomenologicamente a vivência da cirurgia mutiladora, tentando implicar os efeitos do ato cirúrgico também na experiência emocional, no sujeito psíquico.

Os encaminhamentos cirúrgicos impunham considerações sobre aspectos físicos e estéticos que eram tratados, até então, somente pela vertente dos critérios racionais e técnicos da medicina. Nós, analistas, ao participarmos das discussões clínicas, tínhamos o objetivo de introduzir outras dimensões do sujeito: do corpo sexual, feminino, erógeno, de um sujeito do inconsciente, que tem existência em cada paciente e que são aspectos importantes a serem tomados em consideração. É necessário, para a humanização das relações, intervir nisto que transcende os critérios da objetividade científica e racional. À medida que pudemos cumprir esta função, foi possível abrir espaço para se reconhecer o que anteriormente era negado e que se manifestava pelo vazio de linguagem: idéias, sentimentos, fantasmas acerca do sofrimento da cirurgia mutiladora, além do diagnóstico do câncer, evidentemente. Uma cirurgia mutiladora não diz respeito apenas a um órgão doente. Quando adoecemos não é apenas a doença do órgão que nos faz sofrer. Há significados associados, não só ao órgão doente, em particular ao seio, mas ao que doença e seio possam vir a significar e como isto irá se desenrolar dentro da história pessoal, sexual, de vida de cada um. A mastectomia causa uma reação de horror quando vemos a pele colada nas costelas. É uma imagem que impõe à paciente, ao médico, e a qualquer outro, o contato com uma parte da realidade desta experiência viva de uma perda mutiladora. Todas as pacientes com as quais trabalhei e que não puderam fazer a reconstrução da mama mutilada traziam em suas queixas sentimentos de inibição, constrangimento, vergonha, insegurança, preconceito, todos indicando comprometimento importante da auto-estima, de seu lugar como mulher, da angústia produzida pelas preocupações em relação à vida e à morte. Escondiam-se de seus parceiros, dos familiares, sentiam-se envergonhadas e não queriam que ninguém soubesse da realidade que estavam vivendo. Escondiam seus corpos até de si mesmas, evitando olhar e serem olhadas.

Isso nos permite articular algumas questões. Dispor do mecanismo da negação parece ser algo de grande importância a se considerar, pois este funciona com vistas a facilitar a travessia desta problemática que o corpo, em sua soberania, nos impõe e do qual não se pode fugir. Nesses casos, em particular, temos também o fator do surpreendente do acontecimento e penso que este caráter emergencial convoca mais imediatamente mecanismos como o da negação. Rápido, muito eficiente e privilegiado por isto mesmo. Podemos compreender isto pensando na impossibilidade de espaços de elaboração, tanto os externos, como mencionei, como também pela impossibilidade de circulação dos afetos, dos aspectos emocionais, na relação com os médicos e familiares e, fundamentalmente, consigo mesma; acrescento ainda, e com particular interesse, o quanto me chamou a atenção a resistência das próprias pacientes em se aproximar de sua realidade externa e interna, destacando aqui a problemática que sugere haver obstáculos na relação com o próprio corpo, independentemente da experiência de ter câncer de mama, mas exatamente como algo que surge num momento crítico, limite, de grande intensidade, num momento da vida, porém, que permite deixar surgir algo mais amplo. Da mesma forma que, possivelmente pelas mesmas razões, também resistem à procura do médico ou, no caso de já terem se consultado, resistem ao prosseguimento das investigações que, ao serem solicitadas, indicam a possibilidade de se encontrar problemas.

Vale ainda discutir rapidamente um aspecto desta clínica particular, qual seja, permitir a participação da paciente nas decisões em que a reconstrução da mama é indicada, pois parece ser um pequeno ponto onde se esbarra em resistências que tocam ambos os lados, o dos médicos e o das pacientes. Viabiliza-se a possibilidade de abrir algum espaço de conversa, do médico poder partilhar alguma coisa que não o deixe permanentemente na posição da onipotência do saber e, para a paciente, uma chance mínima, mas importante, de aproximar-se de sua dor e da realidade que vive. Um dos médicos da equipe, ao ouvir nossa sugestão de abrir um espaço para as pacientes se manifestarem, disse: "Se nós dermos a mão elas querem levar o braço e tudo mais!", representação defensiva que indica o medo de ser engolido. É importante tomar em consideração esta manifestação, pois nos permite pensar que a ausência deste espaço se deve, além das evoluções da medicina em direção à doença, a aspectos defensivos dos próprios médicos no que se trata da relação com suas pacientes. Isto indica, na verdade, que o ofício dos médicos, em algumas situações mais que em outras, os deixa excessivamente expostos em suas fragilidades e sem a possibilidade de desenvolver recursos para tratar destes aspectos, isto é, também são vítimas da cisão pela qual passou a medicina, deixando muito evidente que a tarefa é, indiscutivelmente, dolorosa para todos. Neste sentido, achei muito útil deixar as entrevistas com os médicos no formato de entrevista mesmo, como um facilitador, para que o leitor entre em contato com as diferenças tanto sobre como são vistos esses problemas como das diferenças sobre como encaminhá-los, mas a partir da voz dos próprios médicos.

A idéia de permitir que a paciente tenha a possibilidade de participar das decisões sobre algo que vai acontecer em seu corpo pode ser um disparador de um contato mínimo, mas que pode alcançar o estatuto do início da construção do romance, da história, da narração de sua doença, sendo que para isto não é necessário transformar os médicos em psicanalistas, mas permitir desconstruir fantasmas. Por exemplo, quando é possível encaminhar a cirurgia plástica de reconstrução da mama, alguns médicos pensam que seria melhor decidir, sem a participação da paciente, uma vez que, assim entendem, estariam evitando que esta se desse conta de perda tão significativa; supõem estar poupando-a de um sofrimento maior. Na tentativa de diminuir o sofrimento da paciente, diziam os médicos: "Elas não vêem o que aconteceu", decisão que fica como mais um facilitador da negação. Sendo assim, ainda que seja absolutamente verdadeiro que a reconstrução pode diminuir o sofrimento da paciente em aspectos bem pontuais, é muito importante sua participação em alguma dimensão possível de sua experiência, e esta é uma delas, na tentativa de incluí-la em sua própria história. Conversar e ser convocada a decidir com o médico pode facilitar algum registro da perda. Há a tendência de negação por parte das pacientes e, evidentemente, há negação por parte dos médicos.

Daí a importância e necessidade de romper os campos onde o ser humano é pensado de forma fragmentada; tarefa que compete a todos nós, psicanalistas, médicos, enfermeiros, educadores etc.

Há que se ressaltar que há uma diferença entre as pacientes que passam por uma cirurgia mais conservadora (quadrantectomia)[7] e as que fazem a mastectomia radical[8]. A marca da perda desta última é bastante complexa, seja pela dimensão da cirurgia e pelos riscos associados, seja pela adaptação à nova realidade das transformações a que o corpo fica submetido. Para os menos favorecidos, que precisam usar o serviço público, não há garantias reais da reconstrução, ainda que a paciente a deseje e o Ministério da Saúde supostamente a garanta. Há um número restrito de possibilidades reais. Isso resulta num número muito grande de mulheres que não podem fazê-la, o que traz conseqüências íntimas, pessoais e sociais para as pacientes. Neste serviço em que trabalhávamos, particularmente, eram feitas reconstruções em grande número, mas esta não é a referência geral.

Nos hospitais públicos, tanto as cirurgias plásticas quanto as decisões de reconstruir ou não a mama são prerrogativas dos médicos e, possivelmente, passam por instâncias às quais não tive acesso.

A morte em Freud como paradigma

Usarei aqui a questão da morte, como é tratada na psicanálise, como paradigma para tratar esta questão defensiva que identificamos: decisões unilaterais, com a intenção de poupar a paciente de experimen-

[7] Extirpação cirúrgica de uma parte da mama, onde se localiza o nódulo, mais uma margem de segurança que varia de 1 a 2 cm., mais o esvaziamento axilar.

[8] Extirpação cirúrgica de toda a mama e do tecido adjacente, inclusive do músculo pequeno peitoral, do músculo grande peitoral e de todo o tecido linfático da parede torácica e da axila. É conhecida também como mastectomia de Halsted. Há também a mastectomia modificada, que vem a ser a retirada da mama com a conservação dos músculos grande e pequeno peitorais. Retiram-se também as cadeias linfáticas axilares e da parede torácica. Foi idealizada por um uruguaio de nome Mérola, porém, é reconhecida, formalmente, pelos autores Aushincloss e Madden. (Dados fornecidos pelo Prof. Dr. Domingos A. Petti, através de entrevista.)

tar algo que diz respeito ao seu próprio corpo. Quando Freud diz que não há registro da morte no inconsciente e que nós, humanos, vivemos na fantasia de nossa imortalidade, devemos considerar que, na prática médica, este pressuposto também está presente e, possivelmente, de forma ainda mais intensa e sistemática. Esta tendência de tratarmos a morte como algo em última instância evitável, e não como algo da ordem da finitude da vida, está, em parte, contida no próprio ato médico. O que acontece, muitas vezes, é que a fantasia onipotente da imortalidade, o poder sobre a vida e a morte, esbarra de tal forma na função médica, que esta corre altíssimo risco de se confundir com a identidade do médico, como se ele tivesse o poder sobre a vida e a morte dos pacientes. Quando falamos de nossa fantasia de imortalidade, tentamos eliminá-la através de um silêncio defensivo a respeito da morte. Nada é mais evidente na prática médica e na maioria dos médicos, com raras exceções. E foi este silêncio que marcou os primeiros tempos deste trabalho, não sem produzir efeitos significativos, como uma espécie de paralisia, que será descrita a seguir.

Da mesma forma, podemos pensar que a maneira como os familiares lidam com a situação da paciente esbarra na mesma fantasia, pois eles ficam igualmente perturbados e ameaçados. Vivenciam de modo defensivo as realidades surpreendentes, freqüentemente ao modo do silêncio também, impossibilitados de emitir uma palavra de conforto diante do sofrimento, ainda que suposto, das pacientes; incapazes de demonstrar um gesto de acolhimento, recolhidos que estão em seu próprio sofrimento. Isso tudo me sensibilizou de modo muito intenso, já que o que ficava "de fora" era justamente o nosso objeto de trabalho; as pacientes e seu sofrimento. Além disso, é freqüente, tanto da parte de familiares quanto de amigos próximos, sugerir que "tudo vai dar certo", recorrer à "ajuda de Deus que não irá desampará-la nesta hora", afirmar que "isto não há de ser nada", ou que "você é forte e vai conseguir", frases que são imperativas e que conseguem aumentar a barreira que já está presente e, tanto impede a paciente de manifestar o que de fato está sentindo, quanto garante aos que assim falam negar suas preocupações, inseguranças e medos. Isso produz um isolamento da paciente, deixando-a só com sua realidade interna e externa, de dor, ameaça e sofrimento, na maioria das vezes sem ter consciência disto. Em parte, é verdadeira a experiência da paciente de se perceber só, contida e impedida de fugir desta realidade de seu corpo, de si mesma, é de fato ela quem está vivendo esta experiência. Mas penso que poder manifestar o que sente, evidentemente com medidas e tempo cabíveis, permite a circulação de afetos, um amparo possível e necessário para atravessar a experiência, evitando o isolamento, que necessariamente determinará um profundo desamparo.

Resgatando mais um pequeno fato do trabalho clínico institucional, foi interessante quando surgiu, por parte dos médicos, a proposta de acompanharmos as consultas. Isso foi num momento do trabalho em que, apesar de já fazermos parte da equipe como um todo e de já estarmos dentro do processo, ainda não tínhamos nem espaço físico determinado para estar com as pacientes, nem um trabalho que interviesse no "procedimento" médico, com o intuito de acolher melhor as pacientes. Julgo que foi uma boa saída, ainda que tenha suscitado muitas controvérsias dentro do grupo de analistas. Aceitar a proposta permitiu tirar os médicos e nós analistas de um certo isolamento em relação às questões centrais do trabalho, e, em cadeia, tiramos as pacientes do mesmo isolamento. Além do que, foi a partir deste momento que iniciamos nossa vivência clínica: podíamos, ao menos, acolher o choro, mostrar para o médico e junto dele a presença destas manifestações e a importância de reconhecê-las.

As Descobertas Clínicas

Em primeiro plano ficou o acompanhamento das mulheres com câncer de mama, especialmente aquelas com indicação cirúrgica. O acompanhamento se referia a dispor da escuta psicanalítica, ainda que pontual, para estas pacientes, no que isso transcende a lógica do orgânico, e a intervir em situações que emergissem para além da organização da anamnese médica tradicional e das regras anátomo-fisiológicas que regem o corpo orgânico. Todas as pacientes que passaram comigo em primeira entrevista foram acompanhadas por mim até a desinternação. Algumas seguiram por mais um tempo.

Acompanhá-las significou escutar que cada paciente deixará vir à tona, em seu adoecer, as marcas de sua singularidade, de sua história. Qualquer desorganização na esfera do organismo biológico pode fazer surgir ou evidenciar aspectos da vida psíquica que já estavam presentes, mas de forma latente. Isto é verdade tanto ao que diz respeito às possibilidades da paciente de enfrentar a realidade, quanto em relação às suas limitações, que se acirram nesse momento. Sendo assim, de um lado, é possível compreender que a paciente, nessas circunstâncias, possa reencontrar aspectos de si mesma, desconhecidos ou não representados, que, de forma velada, sempre estiveram presentes na construção de seu destino. Este acontecimento, o surgimento do câncer e a cirurgia mutiladora, poderá ser visto como um momento de crise e é possível que ocorra, através desta experiência, uma busca de significação de outros pequenos traumas. Isto pode ser verdade para uma parte dos pacientes, mas não devemos generalizar. Assim como também é possível, de outro lado, a crise da doença transformar-se numa porta de entrada oportunista para outras problemáticas psíquicas, que encontram, então, espaço para se alojar e comprometer a convalescença. É fato que o sofrimento do corpo é dor psíquica e que é possível produzir psiquicamente através do sofrimento – daí meu interesse pelo acompanhamento das pacientes. O que *acontece* é passível de representação, porém, ainda que não necessariamente, também pode estabelecer-se como traumático. O problema na psicanálise sobre o irrepresentável é controverso e tema de muitas discussões, escritos e objeto de debates. Dentro desta experiência, essa questão se destaca, tomando um lugar principal; pela experiência clínica é possível produzir representações, desde que possamos ter claro que nada que se possa fazer em psicanálise, e em outras áreas, tenha o compromisso impossível de dar conta do todo. Maria Rita Khel discute a questão da seguinte forma:

> *"Tenho a impressão de que o fascínio pelo indizível, que quando não se resolve na experiência poética traz sempre uma dimensão obscurantista, é uma versão do fascínio pelo absoluto. Fascínio que pode nos levar ao silêncio, ou à tela em branco, como sugeriu, num debate recente, a psicanalista Maria Lúcia Baltazar: nada a dizer, à medida que não se pode dizer o real inteiro. Ora, tudo é passível de representação, mas não há objeto ou fragmento do real que se deixe representar todo. Toda representação evoca não só a ausência da coisa, mas também a distância que a separa da coisa; toda representação contém seu traço de saudade e seu resto de silêncio – de algo que já não está, de algo que nunca se entregou inteiro à simbolização"*[9].

Nesta posição defendida por Khel há um ponto que esbarra de forma muito precisa quando trabalhamos com o método psicanalítico: não nos adiantamos ao paciente. É somente sobre "o que surge" do paciente é que trabalharemos, o que torna discussões sobre algo que seria por definição irrepresentável uma discussão inócua. Ela caberia dentro do campo e da experiência clínica sob a forma de como encaminhar um paciente a determinada ruptura de um campo. Questão diretamente comprometida com o campo transferencial. Mas este não é meu objeto de trabalho aqui.

Um outro ponto, que esbarra na possibilidade de produção psíquica nestes momentos de crise, passa pela questão do paralelismo psicofísico, o qual trata dos aspectos entre o corpo biológico e o corpo/sujeito. Como organismo há uma ordem biológica, porém,

[9] KHEL, M. R., "O Sexo, a Morte, a Mãe e o Mal" in: *Pulsional – Revista de Psicanálise*, São Paulo, Escuta, n. 116/117, 1998/1999, p. 61.

como corpo, a ordem é sexual. Embora reconhecendo a força da colonização do corpo com os recursos objetivantes disponíveis e massacrantes a que somos submetidos, ainda não foi possível alcançar a dessubjetivação total. Uma das inovações epistemológicas de Freud foi pensar em possíveis relações entre o organismo e o psiquismo pela mediação da problemática do corpo. Isso foi o que permitiu que se ultrapassasse o paralelismo psicofísico. O corpo ao qual nos referimos é totalmente atravessado pela alteridade, o que o diferencia do organismo. No organismo se realizam os mecanismos automáticos de auto-regulação e este encontra-se mergulhado nos grandes ritmos da natureza. Em contrapartida, este corpo, atravessado pela alteridade, é um corpo/sujeito, que se constitui em ruptura com a natureza, aberto simultaneamente sobre ela e sobre o outro. Tudo isto corrobora a idéia de que a crise pode ser propiciadora de produção psíquica e pode permitir tanto a elaboração do que já buscava encontrar espaço para representar-se quanto para representar dentro de um movimento dialético, onde, ainda que num *a posteriori,* este acontecimento encontre sua representação. Estas são as possibilidades. Quanto às dificuldades, no que diz respeito à medicina, o avanço tecnológico e os novos conhecimentos científicos sobre o organismo vêm aumentando de forma revolucionária e numa progressão tão rápida a partir do século XIX, que acabaram exigindo uma dedicação desenfreada dos médicos a acompanhar tal progresso, sendo cada vez mais difícil dar conta de quaisquer outros aspectos referidos ao doente, ficando todo o espaço ocupado pelo estudo das doenças e a possibilidade de detê-las. Na psicanálise, há um fenômeno histórico: a adesão de muitos filósofos ao campo psicanalítico, mais fundamentalmente a influência de Lacan, que deu inicialmente ao seu trabalho uma direção mais significativa para os aspectos da linguagem e, ainda, Bion, com a ênfase no pensamento, contribuíram para dificultar a positividade do lugar do corpo, diferentemente do que postulava Freud, em sua expressão mais exemplar sobre a afasia, por exemplo, quando afirmou que esta era um problema psíquico. A meu ver, isto tudo alterou significativamente a possibilidade de se tratar com mais clareza tanto o lugar do corpo na psicanálise, quanto pesquisas que nos permitissem saber mais sobre estes pontos de intersecção entre o biológico, o corpo/sujeito atravessado pela alteridade e pelo sexual.

O produto do trabalho clínico me permitiu estabelecer algumas questões importantes, uma delas é que a experiência das pacientes é vivida no e através do corpo. A partir do veredicto: "Você está com câncer de mama" – por exemplo, – dado pelo discurso médico e recebido pelo sentido da audição, as pacientes não reagiam como era de se esperar, com uma manifestação mais intensa, expressão de pensamentos ou sentimentos de medo ou ameaça. No entanto, a observação clínica nos levou a perceber que o limite era dado pelo corpo físico, que, depois da cirurgia, passa a ocupar um lugar soberano do qual não se pode escapar. A partir do registro no corpo, através da incisão cirúrgica, da mutilação, surgem através da fala das pacientes muitas outras questões relacionadas a sofrimentos, perdas já vividas no passado, não somente no que diz respeito às dores, aos cortes e à perda mutiladora; ainda que não seja o caso de todas as pacientes, este fenômeno é freqüente. A hipótese que me levou a escolher trabalhar a questão da corporeidade sugere que há uma qualidade específica do que é vivido no corpo, registro este fundamental e diferenciado, irredutível a outras experiências. Trata-se de um acontecimento, como conceito já definido anteriormente, que teria a qualidade de romper com defesas bem-estabelecidas e de funcionar como um facilitador de elaborações de outros pequenos traumas já vividos antes dele mesmo. Além disso, esta experiência particular marca o registro da finitude da vida, do limite do corpo. Portanto, e necessariamente, deverá haver algum plano de luto pela morte da fantasia onipotente da imortalidade e este luto, caso seja possível ser vivido, necessariamente deverá impor uma mudança na relação com a morte e, conseqüentemente, também com a vida.

Nesta clínica pude corroborar, em parte, o que Freud diz quanto à qualidade da experiência corporal: *"Ouvir algo e experimentar algo são, em sua natureza psicológica, duas coisas bem diferentes, ainda que o conteúdo de ambas seja o mesmo".*[10] Em 1923, ao falar da constituição do ego, sugere a importância do corpo como apoio de seu estudo. Diz Freud:

> *"Um outro fator, além da influência do sistema Pcpt, parece ter desempenhado papel em ocasionar a formação do ego e sua diferenciação a partir do id. O próprio corpo de uma pessoa e, acima de tudo, a sua superfície, constitui um lugar de onde podem originar-se sensações tanto externas quanto internas. Ele é visto como qualquer outro objeto, mas, ao tato, produz duas espécies de sensações, uma das quais pode ser equivalente a uma percepção interna. A psicofisiologia examinou plenamente a maneira pela qual o próprio corpo de uma pessoa chega à sua posição especial entre outros objetos no mundo da percepção. Também a dor parece desempenhar um papel no processo, e a maneira pela qual obtemos novo conhecimento de nossos órgãos durante as doenças dolorosas constitui talvez um modelo da maneira pela qual em geral chegamos à idéia de nosso corpo".*

Freud[11] afirma que a superfície corporal, a pele e o tato têm dois estatutos: o orgânico, que tem a função protetora do corpo, e a imaginária, que produz sensações internas equivalentes às percepções internas. Sugere também a possibilidade de, através da dor ou de alguma doença dolorosa que marque o corpo de alguma forma, que tenhamos uma idéia de nosso próprio corpo. Esta questão será desenvolvida no capítulo sobre o corpo como lugar da experiência.

---

[10] FREUD, S., "O Inconsciente" (1915), cap. II, *Obras Completas, Edição Standard Brasileira (ESB)*, Rio de Janeiro: Imago, 1976, p. 202.

[11] _______. "O ego e o id" (1923), cap. II, *Obras Completas, Edição Standard Brasileira (ESB)*, Rio de Janeiro: Imago, 1976, p. 39.

Encontrei, mais freqüentemente nas queixas das pacientes, aspectos que não tratavam só da dor física, pelo contrário, estas eram mais raras, apesar da extensão da cirurgia. As anestesias estão muito adiantadas na sua função de aplacar o que se vive como dor física. O mais evidente é a sensação de fragmentação no e do corpo, incluindo o si mesmo cortado pelo acontecimento, é como um tempo de existência sem identidade, isto é, aquela que fui, não sou mais, e não sei como ficarei, como estarei no mundo depois desta experiência. No entanto, em se tratando de uma cirurgia mutiladora, é indiscutível sua inserção tanto na ordem do corpo orgânico quanto na ordem do corpo/sujeito.

Este trabalho buscará, através da clínica que nos serviu de sustentação, compreender a experiência de ter câncer de mama, a vivência da mutilação no corpo como uma inscrição que possibilitaria a elaboração de outras perdas e a produção de representações sobre esta experiência. É uma aproximação de um tema extremamente complexo. Sabemos que nas ciências humanas, e na psicanálise em particular, o critério epistemológico não pode ser a reprodutibilidade experimental, como acontece nas ciências físico-biológicas. A saída deste impasse me parece ligada fundamentalmente ao resgate do método psicanalítico, que, como propõe Fabio Herrmann,

> *"Tanto pode ser integralmente aplicado à criação da psicanálise, sua mais tradicional aplicação, quanto a formas diversas de contato terapêutico. Seja na psicanálise, seja nas terapias interpretativas, seja ainda em intervenções visando treinamento, ensino e desenvolvimento emocional de equipes de atendimento, sempre que se pratica o método psicanalítico criamos condição para o exercício da função terapêutica. Cabe ainda deixar claro que a investigação psicanalítica é eficaz e produtiva, desde que não ceda à tentação de imitar o difundido modelo tecnológico-estatístico; que a função terapêutica, instaurada pelo emprego do método psicanalítico, possui*

amplitude bastante para cumprir diferentes metas, em condições também diversas; que isso se dá, não pela introdução de conhecimento e de técnicas derivadas das teorias psicanalíticas, mas pela transformação em instrumento terapêutico do próprio conhecimento, das vivências e das práticas inerentes à equipe; que assim se cria uma espécie de síntese das contribuições peculiares a diversas disciplinas e uma abertura à dimensão emocional do conhecimento, úteis para a instauração de um novo tipo de interdisciplinaridade e potencialmente capazes de transformar a própria prática do hospital".[12]

O método psicanalítico é, por excelência, um instrumento que pode ajudar a criar novas formas de intervenção clínica, independentemente do *setting*. Ele pode ser suporte para a intervenção, apesar das adversidades que encontramos dentro dos hospitais, o aspecto trágico que estará sempre aí presente devido ao fantasma morte, os impedimentos de qualquer manifestação subjetiva na interlocução com os médicos, a experiência simultânea, do analista, ao acontecimento junto às pacientes. A própria estranheza permanente, que permeava as relações dentro da instituição hospitalar, serviu de recurso para alavancar este trabalho. Por outro lado, é importante nomear alguns dos outros aspectos que geraram muita angústia, além deste.

Seguindo a contextualização dos aspectos externos, propiciadores de angústia e de que, necessariamente, devemos cuidar, havia uma diversidade de casos e condições, pois algumas pacientes ignoravam a gravidade de seu estado, embora nós a conhecêssemos, outras eram muito jovens, outras muito idosas e outras ainda originárias de lugares distantes e praticamente sem recursos. A complexidade dos problemas é de tal grandeza que se torna quase impossível não sentir seu impacto. A conseqüência para nós é inevitável; há necessariamente uma mudança na relação com a vida e com a morte. Como diz Freud:

[12] HERRMANN, F., DE LUCIA, M. C., MINERBO, M., Trabalho inédito, apresentado em outubro de 2000, em um congresso em Brasília.

"Assim, a tendência de excluir a morte de nossos projetos de vida traz em seu rastro muitas outras renúncias e exclusões. (...) Esta não mais será negada; somos forçados a acreditar nela. As pessoas realmente morrem, e não mais uma a uma, porém muitas, freqüentemente dezenas de milhares, num único dia".[13]

Desde sempre negamos nossa própria morte e tentamos nos afastar, não falar. De modo geral, está assegurado para nós que nada irá acontecer e que nossa imortalidade está garantida. É claro que há diferenças entre a guerra e uma doença, porém, há algumas semelhanças importantes entre um campo de batalha e a instituição hospitalar, especialmente quando se trata do serviço público de nosso país e quando esta doença é um câncer. Estar em contato com esta realidade foi uma condição de possibilidade para este trabalho, e lidar com ela talvez tenha sido uma condição de possibilidade de me redescobrir como analista e como pessoa.

Uma outra questão é a inserção do psicanalista na instituição hospitalar. Trata-se de um tema complexo, que merece ainda muita pesquisa e elaboração teórica para esta clínica, e de um passo em direção à realização desta inserção que também merece muitos cuidados. O hospital é uma instituição em que a doença do paciente e o médico são os pólos mais fundamentais. No entanto, há um amplo espectro de espaços num hospital que são atravessados por uma única ordem, a ordem médica, como se tudo fosse de igual tamanho, um reino onde as diferenças e os diferentes saberes tendem ao apagamento. Não somente os pacientes sofrem, seguramente, podemos considerar que a dor é distribuída entre todos, médicos, enfermeiras, atendentes... É absolutamente imprescindível o reconhecimento do que a medicina, através dos médicos, pode nos oferecer no que diz respeito à saúde, porém há que se tentar construir espaços para outros saberes circularem, maximizando a possibilidade de diminuir o sofrimento humano, e é a

[13] FREUD, S., "Reflexões para os tempos de guerra e morte" (1915), *ESB*, p. 329.

isso que me refiro quando digo pesquisa e construção teórica: a medicina tem um fazer eficiente, mas qual a teoria que a rege? Acerca deste assunto, diz Pierre Benoit:

> *"De minha parte, creio que o nascimento de uma nova teoria operante e não clerical da medicina só pode provir de uma reflexão epistemológica sobre sua prática. A epistemologia médica, com raríssimas e notáveis exceções, é ainda uma terra virgem. Não pode consistir senão numa reflexão permanente e crítica dos médicos sobre a lógica de sua profissão e sobre o uso de conceitos que regem sua prática."*[14]

Essa experiência, agora mais bem circunscrita em seus aspectos angustiantes, remeteu-me a um longo processo de elaboração da angústia vivida inicialmente. Uma das questões, que posso compartilhar aqui porque serve para qualquer um que trabalhe neste campo ou similares, levou-me a pensar no que Freud (1915) denominou "reconciliação com a morte", termo que usou a propósito da desilusão e do empobrecimento de nossas expectativas, que experimentamos diante de situações que nos confrontam tão de perto com a morte, como um desastre, uma guerra ou ainda quando perdemos um ente querido, experiência esta que favorece ou mesmo determina uma mudança significativa na relação com a morte. Depois de muita "briga" interna é possível nos reconciliarmos com a realidade da morte como algo que intensifica o desejo de viver. A morte, ela mesma, é inevitável. De forma que reconciliar-se com a morte é desapegar-se do que obstaculiza o viver de cada um. Todo o entorno das condições em que se encontram as pacientes diagnosticadas com câncer de mama se assemelha ao daquelas experiências descritas por Freud. Ainda que passível de tratamento, o câncer continua a ser uma enfermidade que traz consigo o estigma da morte, e não sem uma boa dose de razão. A

[14] BENOIT, P., *Psicanálise e Medicina*, Rio de Janeiro: Jorge Zahar Editora, 1989, p.103.

elaboração da angústia permitiu uma espécie de reconciliação com a morte, no que diz respeito a este trabalho, permitiu-me seguir, a despeito das incertezas, do desamparo, próprio do humano, com o qual nos deparamos.

É fundamental ressaltar aqui as limitações e, ao mesmo tempo, a riqueza desta experiência clínica. Estivemos, enquanto equipe de analistas, todo o tempo muito implicados com questões que nos são estranhas quando comparadas ao conforto do consultório. Havia a urgência, pouco tempo cronológico entre as consultas e o procedimento cirúrgico; o local – um hospital – estruturado para resolver os problemas orgânicos, não está preparado para outros espaços físicos, mais reservados, onde pudéssemos receber as pacientes. Os que eram possíveis, muitas vezes, eram "invadidos", pois não havia privacidade, todos podiam entrar em todos os lugares. As pacientes eram examinadas por muitos médicos, uma vez que o serviço contava com uma especialização em mastologia. Era forte o impacto com o poder médico e seu *modus operandi*. Por outro lado, tínhamos diante de nós as pacientes, confrontadas com a surpresa do diagnóstico, aflitas com o pouco tempo para se organizar para a cirurgia, aflitas para saber o que fazer com suas tarefas e responsabilidades, com sua fragilidade e medo diante da realidade que se impunha. Sem considerar que, pela experiência clínica, sabíamos que na maioria das pacientes surgia a dor, a tristeza, no período pós-cirúrgico.

Como já salientei, o trabalho do psicanalista junto a equipes médicas e pacientes hospitalizados, embora venha crescendo em número e modalidades, ainda carece de muita discussão no âmbito de suas condições de possibilidade, desde o reconhecimento das diferenças metodológicas e teóricas, até questões menores, mas nem tanto assim, como os espaços físicos, ausentes, que não deixam de refletir a ausência das disponibilidades; ainda há que reconhecermos a importância dos aspectos emocionais como fator importante na convalescença, como indicam, dentre muitos, os estudos citados por Manoel Berlinck (1999), acerca da insuficiência imunológica do humano, como exemplo. O limite que toma para pensar a imunidade insuficiente é a das doenças auto-imunes, onde o corpo se torna num inimigo agressor e manifesta uma modalidade de autodestrutividade, onde qualquer intervenção endógena revela-se inútil. Berlinck afirma:

> *"A insuficiência imunológica revela-se claramente psíquica na melancolia. Já Gallo e Montagnier chamaram a atenção para o fato de que pacientes depressivos infectados pelo vírus HIV apresentam maior vulnerabilidade à doença do que pacientes não-depressivos. Pesquisas que estão sendo realizadas no Laboratório de Psicopatologia Fundamental da Pontifícia Universidade Católica de São Paulo revelam que não se trata de depressão e sim de melancolia, pois, pacientes depressivos, não revelam um desamparo autodestrutivo típico dos melancólicos, que têm a capacidade de acelerar a ação de doenças auto–imunes, como lupus, Aids e câncer".*[15]

Com esta panorâmica que descrevi até aqui parece claro que se faz necessário buscar novos modos de intervenções terapêuticas, sob pena de nos perdermos dentro de uma instituição que trata de problemas que causam um estranhamento, incitam nossas defesas mais primitivas, pois nos sentimos ameaçados, e tudo isso de maneira fortemente impregnante – e ficarmos sem um instrumento que balize as intervenções. Esta experiência deixou bastante evidente que corremos o risco de, ao nos deixar impregnar, sem a elaboração necessária, sem um instrumento que permita eficácia assim como é proposto para qualquer fazer analítico, corremos o risco não só de sermos engolidos pelo sistema já estabelecido como de deixarmos de cumprir a função terapêutica. Em outras palavras, a ausência de subjetivida-

[15] BERLINCK, M. T., "A Dor", São Paulo in: *Revista Latinoamericana de Psicopatologia Fundamental*, vol. II, nº 3, setembro/1999, p. 55.

de, tão maciça na prática médica, pode ser literalmente depositada no analista para que ele purifique o ambiente do que quer que sugira a subjetividade, seja das pacientes, seja dos próprios médicos. É mesmo tirar da frente o entrave para dar espaço para os procedimentos médicos caminharem de forma linear. Freqüentemente, por exemplo, os médicos demandavam dos analistas que ajudassem a silenciar o desconforto que neles produzia determinada paciente, que se desorganizava diante do diagnóstico ou que se deprimia e punha-se a chorar ou que se negava a vir para a cirurgia ou a aderir ao tratamento. Posto de outra forma, tanto os médicos, como qualquer um de nós podemos buscar silenciar a angústia, que como vimos é de todos. O que há de muito ruim nisto é que o silêncio implica a reificação do sofrimento.

Sugeri acima, como uma articulação possível, a hipótese defendida pelo Dr. Pierre Benoit, participante da conferência de fevereiro de 1966 para o Collège de Médecine des Hôpitaux de Paris, conduzida por J. Lacan. Em poucas palavras, sua proposta é uma revisão da ideologia do "curandeiro científico" e a criação de uma nova teoria da medicina que leve em consideração os efeitos de transferência, tanto do paciente como do médico, sobre o objeto medicinal, a partir de uma reflexão sobre a prática médica e sua lógica conceitual. O problema é que deste lugar só podem falar os médicos.

A MEDICINA E O CÂNCER DE MAMA; CONTRIBUIÇÕES E PROBLEMAS

"E, de modo geral, a experiência da individualidade na cultura moderna está talvez ligada à morte: dos cadáveres abertos de Bichat ao homem freudiano, uma relação obstinada com a morte prescreve ao universal sua face singular e dá à palavra de cada um o poder de ser indefinidamente ouvida; o indivíduo lhe deve um sentido que nele não se detém."[16]

Algumas considerações sobre o método anatomoclínico servirão de apoio para compreendermos melhor por que se estabeleceu como premissa fundamental dentro dos hospitais a questão do corpo apenas enquanto estrutura orgânica, o que resultou no avanço tecnológico e científico, aspecto positivo para o prolongamento da saúde e da vida dos pacientes, mas que trouxe a varredura da subjetividade de uma maneira muitas vezes chocante.

Na busca de dominar a morte, a medicina traçou um longo percurso. Em seu estágio atual, ela propicia a possibilidade de o doente voltar à condição de saúde.

[16] FOUCAULT, M., *O Nascimento da Clínica*, Rio de Janeiro, Ed. Forense Universitária, 1998, p. 227.

> *"A constituição da anatomia patológica na época em que os clínicos definiam seus métodos não se deve a uma coincidência: o equilíbrio da experiência desejava que o olhar sobre o indivíduo e a linguagem da descrição repousassem no fundo estável, visível e legível da morte. Esta estrutura em que se articulam o espaço, a linguagem e a morte – o que se chama em suma de método anátomo-clínico – constitui a condição histórica de uma medicina que se dá e que recebemos como positiva. 'Positiva' deve ser tomado aqui em sentido forte. A doença se desprende da metafísica, do mal com quem há séculos estava aparentada, e encontra na visibilidade da morte a forma plena em que seu conteúdo aparece em termos positivos. Pensada com relação à natureza, a doença era o negativo indeterminável, cujas causas, formas e manifestações só se ofereciam de viés e sobre um fundo sempre recuado; percebida com relação à morte, a doença se torna exaustivamente legível, aberta sem resíduos à dissecção soberana da linguagem e do olhar. Foi quando a morte se integrou epistemologicamente à experiência médica que a doença pôde se desprender da contranatureza* e tomar corpo *no* corpo vivo *dos indivíduos."*[17]

O corpo que abriga e desenvolve a doença é uma superfície que não cruza e não deve deixar-se cruzar, aos olhos do médico, pelo corpo que conta uma história. Segundo Foucault: *"Paradoxalmente, o paciente é apenas um fato exterior em relação àquilo de que sofre; a leitura médica só deve tomá-lo em consideração para colocá-lo entre parênteses"*.[18]

Para adiar a morte foi preciso decifrar a doença. A medicina, desde o implemento do *método anátomo-clínico de Bichat, tornou-se a ciência que dá conta do corpo orgânico,* e nesta empreitada acabou por estabelecer um diálogo com a doença e um apagamento da fala do doente, *do corpo que transcende o organismo – corpo falado, corpo habitado, corpo imaginado*. Podemos considerar que o desenvolvi-

---

[17] *Idem*, p. 226.
[18] *Idem*, p. 71

mento da medicina ocorreu na relação com o corpo morto, pela via do cadáver e também pela excitação e fascínio que sempre incitou no homem o enigma da morte. A medicina, desde o implemento do método anatomoclínico de Bichat e do método científico introduzido por Claude Bernard com a exigência da condição experimental, tornou-se a ciência que se articula ao corpo morto, apartando-se do doente, criando uma ausência de linguagem e do olhar para o doente, fixando-se na doença.

Sobre as questões acerca da medicina, escolhi alguns médicos(as) para deixá-los falar neste trabalho. Por isso, perdoem-me as longas citações. Marie José Del Volgo é médica, neurologista, doutora em psicopatologia clínica e pratica sua clínica em um serviço hospitalar que atende pessoas com doenças respiratórias. Desenvolveu uma escuta que, no meio de equipamentos, leitos, remédios e tradições que só identificam a objetividade do sintoma que precisa ser eliminado a todo custo, reconhece a existência de alguém que sofre e que procurando o médico tem algo que diz. Marie José desenvolveu uma prática diferenciada de relação com seus pacientes. Em seu livro, onde relata sua trajetória, assinala pontos importantes, como:

> *"A medicina científica descolou-se de modo radical e irreversível dos dogmas metafísicos, dos preconceitos imaginários e das fantasias com as quais era até então confundida. Ela também realizou uma verdadeira revolução ética na prática de sua arte e um corte epistemológico em seu discurso. Esforçando-se por exilar a subjetividade e a intersubjetividade do tratamento e da doença, o discurso médico não leva mais em conta, seja em sua prática, seja em seus conceitos, o drama imaginário, a determinação simbólica, a finalidade ética do sofrimento na relação médico-paciente. O sofrimento, tendo sido reduzido à doença e hipostasiado na dor, permanece, em instância, o resto a partir do qual se desenvolveram a psicanálise e a psicopatologia clínica".*[19]

[19] VOLGO, M. J. *O instante de dizer*, São Paulo: Escuta, 1998, 32.

Desde então, para a medicina científica, o doente não passa de um porta-voz dos signos da doença, o intermediário obrigatório entre o médico e a doença, o fator da semiologia médica. E não poderia ser diferente, para que progredissem eficazmente os conhecimentos e as técnicas da medicina. Esse era sem dúvida o preço a ser pago para que um ponto de vista rigoroso e conceitualizado pudesse advir.

O método anatomoclínico funda o discurso médico com um saber sobre o corpo que toma por modelo e paradigma o cadáver, conforme a célebre frase de Bichat (1801): *"Abram alguns cadáveres: imediatamente vocês verão aparecer a obscuridade que a observação por si só não conseguirá dissipar".*[20]

Conseqüentemente, a medicina deserotiza o corpo, dessubjetiva a queixa do paciente e desimplica o médico de sua inclusão na intersubjetividade da relação terapêutica. Ela retira o sofrimento do paciente do campo da fala e da linguagem, de seus poderes simbólico e intersubjetivo, de seus efeitos mágico e imaginário, pelos quais a medicina permanecia até então confundida com uma semiologia geral, a arte e a prática da interpretação dos signos. Galleno, tradicionalmente reconhecido como um dos representantes da medicina materialista, nunca deixava de incluir em sua observação clínica os sonhos, os oráculos, as manifestações que ele encontrava no caminho que o conduzia à cabeceira de seus pacientes.

> *"Em nossa época, os médicos, ao contrário, perderam a faculdade de escutar, em proveito de questionários visando a utilização de exames cada vez mais sofisticados, na perspectiva do diagnóstico a ser estabelecido e do tratamento a ser recomendado. Mas, de qualquer forma, eles continuam se confrontando com queixas de pacientes, que são do âmbito da psicopatologia e dos discursos de sofrimento, porta-voz da miséria humana na linguagem da patologia corporal da dor."*[21]

[20] VOLGO, M. J., *O instante de dizer*, São Paulo, Escuta, 1998, ps. 179.

[21] Idem, p. 179.

Pierre Benoit foi médico antes de ser psicanalista e fez um trabalho crítico sobre o exercício da medicina com os conceitos de transferência da psicanálise, articulando, dentre outros, o efeito transferencial da medicação. Outra colaboração de seu trabalho é uma análise histórica da figura do médico:

> *"O médico, entretanto, nem sempre foi o 'curandeiro científico' e seu surgimento deu-se pelo recalque de uma outra ideologia, a do sacerdote, aquele que trata de seu doente, deixando a Deus sua cura, o qual levará em conta a vida secreta do enfermo (...). Nesta perspectiva, tal ideologia não é apenas uma primitiva ou infantil idéia das relações do homem com as doenças que o afligem, visto que possui uma percepção, ainda que seja por intermédio do papel de Deus nos males dos homens, do peso que tem a vida íntima no próprio cerne do fato mórbido. Este suposto primitivismo, na verdade, realça esse vínculo que se encontra abolido pelo 'curandeiro científico', assim como revela o elemento sacrifical das intervenções médicas, mais patente nas intervenções do tipo cirúrgico".*[22]

Após estes breves comentários para contextualizar o lugar da medicina e do médico em nossa cultura atual, passaremos para alguns dados, primeiro sobre o desenvolvimento das células cancerosas e, por fim, especificamente sobre o câncer de mama, por ser este nosso objeto de trabalho.

Sobre as células cancerosas

O câncer foi descoberto na alta Antigüidade, encontrado em múmias egípcias e pré-colombianas. Em 3500 a.C., escritos babilônicos, indianos e papiros egípcios descrevem o câncer. Já no

[22] BENOIT, P., Apresentação à edição brasileira por Cristina Rollo de Abreu, in: *Psicanálise e Medicina*, Rio de Janeiro, Jorge Zahar Editor, 1989, p. 12.

século V a.C., na Grécia de Hipócrates, pai da medicina, começam a surgir descrições sistemáticas e o termo *Karcinos*, que significa caranguejo. Existem duas explicações: que o nome se origine das dores que causa, semelhantes às ferroadas do crustáceo, do fato de que a dilatação dos vasos sangüíneos que alimentam o tumor traça um desenho que lembra as patas do caranguejo.

A inovação introduzida pela escola de Hipócrates foi proposta para privilegiar a razão e a observação da natureza no estudo das doenças, em detrimento das explicações sobrenaturais. A idéia principal atribuía a saúde a um equilíbrio entre os fluidos orgânicos, os quatro "humores": o sangue, associado à vida, a fleuma e a bile amarela, presentes em alguns estados mórbidos, e a bile negra ou melancólica, que aparecia nos vômitos e excreções. Acreditava-se que o câncer resultava de um desequilíbrio humoral, de excesso de bile negra ou melancólica. Essa noção – de uma doença generalizada com manifestações em locais específicos – perdurou por quase vinte séculos, até a descrição do sistema linfático no início do século XVII, quando se atribuiu o câncer a diversos distúrbios da linfa. Nesse momento suspeitou-se também de que o mal pudesse ser contagioso, levando à exclusão e à discriminação dos pacientes recusados em vários hospitais.

Já no século XVIII teorias afirmavam que a doença se restringia a um determinado tecido do organismo, ainda que se estendendo a diferentes órgãos, nascendo assim o conceito de disseminação à distância, de *metástase,* que em grego significa "mudança de lugar". Descobriu-se ainda que o sangue e a linfa seriam veículos através dos quais a doença se propagava. É esse caráter migratório que produz a sensação de impotência diante da doença: não fosse isso, a maioria seria curável.

O câncer evoca a imagem de tentáculos que crescem, invadem, se ramificam, lançam raízes à distância, ocupam espaços e consomem a vida. Até o final do século XIX, era apenas mais uma dentre as doenças que desafiavam a ciência. Com o advento da microbiologia e a elucidação do mecanismo das infecções, restou ao câncer, durante grande parte do século XX, o lugar do mal absoluto, da degradação e da condenação a uma morte sofrida. No plano do convívio social, tornou-se a doença a ser ocultada, em meio a sentimentos de vergonha e medo.

O imaginário popular associa o câncer aos inibidos, aos sexualmente reprimidos, incapazes de expressar suas emoções. É a doença dos que renunciaram à esperança e aos prazeres; é a doença dos perdedores e dos que merecem punição.

Há pouco tempo atrás, ter câncer ainda era uma sentença de morte que levava o médico a ocultar o diagnóstico de seus pacientes e, por vezes, da família. Era temível por se iniciar em silêncio, consumir lenta e secretamente e acenar com final doloroso.

> *"A expressão norte-americana 'Big C' denota a resistência de médicos e pacientes em enunciar seu nome. Fala-se em tumor, em crescimento celular, mas evita-se a palavra que amedronta. Curada, a pessoa vive sempre sob suspeita de que voltará a ter a doença, e este é um dos motivos mais comuns da retomada da fé religiosa, assim como da procura de soluções à margem da medicina oficial."*[23]

Paulo Schiller, médico e psicanalista, apresenta em seu livro aspectos muito importantes sobre a medicina moderna, semelhanças entre o trabalho do médico e do feiticeiro, sobre nossa relação com a morte e a imortalidade. Fala do câncer na adolescência como uma doença que *"condensa num grande emaranhado os subterrâneos das histórias familiares, os fantasmas de um corpo em transformação, a inibição da sexualidade, a presença sombria da morte e a descoberta do mundo dos hospitais"*.[24] Em certa parte do livro, sobre as células cancerosas, lembra de uma das aventuras de Gulliver no reino dos Luggnagg.

---

[23] SCHILLER, P., *A Vertigem da Imortalidade*, São Paulo, Editora Schwarcz, 2000, p. 88 e seguintes.
[24] *Idem*, p. 101.

Lemuel Gulliver é um personagem aventureiro que, numa parte de sua história, visita o reino de Luggnagg. Lá descobre que algumas crianças nasciam com o dom da imortalidade. Chamavam-se Struldbruggs.

> *"Gulliver encanta-se com esta nação e entrega-se a uma idealização em que imagina o que faria se fosse imortal. Teria tempo para se tornar rico, estudaria as artes e as ciências e registraria com cuidado os acontecimentos históricos, para se transformar num tesouro vivo de sabedoria e conhecimento. Com o tempo, seria o oráculo da nação."*[25]

Os habitantes de Luggnagg, que o escutavam e riam-se de suas fantasias, as quais atribuíam à imbecilidade própria dos homens, decidiram contar-lhe como eram os tais imortais. O sofrimento era tanto que

> *"O apetite de Gulliver acaba por se desfazer, e, ao final, ele imagina que nenhum tirano seria capaz de inventar uma morte à qual esses imortais não se entregassem com prazer"*[26].

Num organismo cuja programação implacável conduz ao envelhecimento e à morte, uma célula adquire o dom da imortalidade. Por razões pouco compreendidas, desliga-se parte do comando que a fazia desempenhar suas funções normais. Ela perde algumas das marcas da evolução que a identificavam com um determinado órgão. Como se entrasse na máquina do tempo, esta célula readquire características da juventude. Por sua vitalidade, parece-nos às vezes com as células de um embrião, capazes de se transformar em um dia em fígado, rim, pulmão, músculo ou qualquer outro tecido. Com o ímpeto dos jovens, a célula começa a se dividir e a produzir descendentes, exibindo um vigor desconhecido entre suas companheiras especializadas. Nasce um pequeno aglomerado de células estranhas, "imortais", ou com uma capacidade de multiplicação tão acelerada que, embora algumas mor-

---

[25] *Idem*, p. 87.
[26] *Idem*, p. 88.

ram, o crescimento conjunto invade o território das células saudáveis, dedicadas ao trabalho rotineiro de preservar as funções do organismo. Nos tecidos normais, o contato entre as células é um sinal de parada da divisão. As células cancerosas não obedecem a esse comando. Às vezes, essas células destacam-se de seu local de origem e mergulham na corrente sangüínea ou no sistema de circulação da linfa, que percorre os gânglios espalhados por todo o corpo. Viajam longas distâncias e escolhem outros sítios para construir seus ninhos e invadir novos territórios. Seu crescimento vertiginoso e desordenado as leva a consumir uma grande quantidade de nutrientes, debilitando o conjunto do organismo e minando sua resistência. Se não forem detidas, acabarão por destruir o ser em que nasceram e do qual se alimentam.

> *"Ao contrário dos descendentes dos Struldbruggs de Gulliver, suas filhas são imortais. E uma imortalidade que se insinua entre mortais comuns é uma receita desastrosa."*[27]

Alguns dados sobre o Câncer de Mama

O câncer de mama é provavelmente o mais temido pelas mulheres, devido à sua alta freqüência e sobretudo pelos efeitos psicológicos que afetam a percepção de sexualidade e a própria imagem pessoal. Ele é relativamente raro antes dos 35 anos de idade, mas acima desta faixa etária sua incidência cresce rápida e progressivamente.

"Este tipo de câncer representa nos países ocidentais uma das principais causas de morte em mulheres. As estatísticas indicam o aumento de sua freqüência tanto nos países desenvolvidos quanto nos países em desenvolvimento. Segundo a Organização Mundial de Saúde (OMS), nas décadas de 60 e 70 registrou-se um aumento de 10 vezes nas taxas de incidência ajustadas por idade nos registros de

---

[27] *Idem*, p. 89.

câncer de base populacional de diversos continentes. Tem-se documentado também o aumento no risco de mulheres migrantes de áreas de baixo risco para áreas de risco alto. Nos Estados Unidos, a Sociedade Americana de Cancerologia indica que uma em cada 10 mulheres tem a probabilidade de desenvolver um câncer de mama durante a sua vida."

"No Brasil, o câncer de mama é o que mais causa mortes entre as mulheres. Em 1998, foram registradas 8.044 mortes decorrentes deste tipo de câncer. Dos 305.330 novos casos de câncer com previsão de serem diagnosticados em 2001, o câncer de mama será o principal a atingir a população feminina, sendo responsável por 31.590 novos casos."

"O sintoma do câncer de mama já localmente detectável ao exame físico é o aparecimento de nódulo ou caroço no seio, com ou sem irritação e dor no local."

"As causas de câncer de mama são ainda desconhecidas. O histórico familiar constitui o fator de risco mais importante, especialmente se o câncer ocorreu na mãe ou em irmã, se foi bilateral e se desenvolveu antes da menopausa. Outro fator de risco é a exposição à radiação ionizante[28] antes dos 35 anos de idade. A menopausa tardia (além dos 50 anos, em média), a menarca precoce e a nuliparidade (nenhuma gestação) estão associadas a uma maior incidência, assim como a primeira gravidez após os 30 anos de idade. No entanto, ainda não está comprovado se a mulher que retarda intencionalmente a gravidez para depois dos 30 anos tem maior risco do que aquelas cuja gravidez não pode ocorrer espontaneamente".

"Continua sendo alvo de muita controvérsia o uso de contraceptivos orais no que diz respeito à sua associação com o câncer de mama. Aparentemente, certos subgrupos de mulheres, com

[28] Exposição à radiação por Raios X. Antigamente usava-se um exame chamado fleuroscopia, em que a mulher com tuberculose ficava exposta à máquina durante todo o tempo do exame médico. Isto foi fator de aumento de risco de câncer de mama. A radiação ionizante também estava presente nas bombas atômicas de Hiroshima e Nagasaki.

destaque para as que usaram pílulas com dosagens elevadas de estrogênios ou por longo período de tempo, têm maior risco. Outro fator de risco é a ingestão regular de álcool, mesmo que em quantidade moderada, que gera um aumento moderado do risco de câncer de mama".

"A mamografia, senografia ou mastografia é a radiografia simples das mamas e é considerada por muitos o procedimento mais importante para o rastreamento do câncer de mama. É um exame de alta sensibilidade, apesar de a maioria dos estudos evidenciarem perdas entre 10 a 15% dos casos de câncer com tumor detectável ao exame clínico. Esta sensibilidade, no entanto, está diretamente relacionada à idade da mulher, sendo muito menor nas mulheres jovens, que apresentam uma alta densidade de tecido mamário. Devido a isto e ao fato de a radiação ionizante (utilizada na mamografia) ser considerada um fator de risco para o câncer de mama, a mamografia não deve ser feita em mulheres muito jovens e nem praticada de forma indiscriminada.

"Um dos fatores que contribuem para esta alta mortalidade é o avançado estadiamento[29] da doença no momento em que as mulheres são submetidas ao primeiro tratamento. Em geral, 50% dos casos são diagnosticados em estádios[30] avançados (III e IV). Os conhecimentos que hoje se tem sobre o câncer de mama são insuficientes para a adoção de programas de prevenção primária, ou seja, medidas que evitem o aparecimento da doença. A maioria dos esforços relacionados ao controle dessa doença está dirigida às ações de detecção precoce, isto é, à descoberta dos tumores ainda pequenos, com conseqüente tratamento na fase inicial da doença. Portanto, é muito importante para o diagnóstico da doença o exame das mamas feito mensalmente pela própria mulher e o feito pelo médico no decurso de uma consulta, de rotina ou não.

---

[29] "Circunstância na evolução de uma moléstia; Período ou fase de um processo." *Dicionário Médico Blakinston*, Edição Brasileira: Mayerovitch, B, Moura, J.C., Pessoa, R. (org.). São Paulo, Organização Andrei Editora, 1979.

[30] *Idem.*

"Cerca de 80% dos tumores de mama são descobertos pela própria mulher, palpando suas mamas incidentalmente. Quando isto ocorre, eles já apresentam um tamanho grande, o que dificulta o tratamento. O que se pretende é a descoberta desses tumores de tamanho o menor possível (de 1 a 3 cm), de maneira que a doença seja tratada ainda em fase inicial. Os recursos terapêuticos são, então, mais eficazes, permitindo tratamentos menos mutiladores e com maiores probabilidades de controle."[31]

Sobre a palpação a entrevista com Dr. Thomaz e Dr. Eduardo Lyra foi extremamente esclarecedora, pois as campanhas indicam um exame que na verdade traz dois grandes problemas: a grande maioria das mulheres não sabem fazer a palpação e os nódulos que são perceptíveis pela palpação são já tumores que ultrapassam 1,8 cm, 2,0 cm, tamanhos que já indicam, de modo geral, cirurgias radicais. O artigo de Eisenberg e Koifman ressalta que:

> *"Apesar de a palpação ser o método mais simples para o diagnóstico, somente cerca de 60% dos cânceres detectados por mamografia são palpáveis. O exame anatomopatológico é imprescindível para o diagnóstico do tumor primário e das metástases e para a classificação e o estadiamento. Os tumores malignos próprios da mama, isto é, os adenocarcinomas, são divididos em:* in situ *e invasores e estes dois subgrupos, por sua vez, são divididos em ductais e lobulares. Cada um destes subgrupos tem seus subtipos, cada qual com suas características histopatológicas próprias que influenciam o comportamento clínico."*[32]

[31] Fonte: INCA – Ministério da Saúde – 1996 – 2002. Última atualização em 31/10/2001.

[32] EISENBERG, A. L. e KOIFMAN, S., "Aspectos Gerais dos Adenocarcinomas de Mama, Estadiamento e Classificação Histopatológica com Descrição dos Principais Tipos", *Revista Brasileira de Cancerologia*, 2000, 46(1), p. 63.

A Voz dos Médicos

A decisão de incluir um depoimento e três entrevistas se deve ao processo por que passei na construção deste trabalho. É muito difícil tratar de questões que estão referidas simultaneamente a várias ciências. Muitas vezes encontrei-me paralisada e cheia de muita angústia ao acompanhar a clínica médica no IGM, que, ao receber-nos, propiciou para nós, analistas, uma experiência clínica ímpar. Portanto, dar voz aos médicos é, no mínimo, um gesto de reconhecimento e gratidão. No mínimo porque, evidentemente, não me escapou que estes, particularmente, são médicos preocupados com os aspectos emocionais de seus pacientes e têm, cada um à sua maneira, uma clínica diferenciada e sensível às questões que aqui discutimos.

O depoimento é fruto de um trabalho sobre a Função Terapêutica da Psicanálise na Consulta Médica, realizado na FMUSP – Faculdade de Medicina da USP, em 2001. O curso foi coordenado pelo Prof. Dr. Carlos Eduardo Domene, médico do Hospital das Clínicas e professor da FMUSP, e pelo Prof. Dr. Fábio Herrmann, médico e analista didata da Sociedade Brasileira de Psicanálise, professor da Pontifícia Universidade Católica, coordenador do CETEC – Centro de Estudos da Teoria dos Campos. O curso durou uma semana e foi montado dentro de aspectos concernentes à anamnese.

1. Entrevista: Prof. Dr. Domingos A. Petti

Rubia: Como o senhor se sente ao retirar a mama de uma mulher?

Dr. Petti: Vejo de um lugar onde estou sempre tratando uma doença. Tanto faz se é a mama ou qualquer outro órgão.

Rubia: Não há diferença entre tirar um órgão interno e tirar um órgão externo?

Dr. Petti: Na verdade, reconheço que tirar uma mama é mais difícil.

Rubia: Como o senhor vê uma paciente ao perder a mama?

Dr. Petti: Estou vendo sempre se existe, na paciente, uma possibilidade de voltar a doença.

Dr. Petti seguiu numa conversa informal e muito interessante. Falou longamente sobre o programa que está em desenvolvimento em seu Instituto, atualmente coordenado pela Dra. Maria Teresa, professora da FMU, que implantou um programa de atendimento psicológico para as pacientes do IGM, até então com bons resultados – como, por exemplo, um grupo de sala de espera, que vem ensinando as pacientes a fazer o auto-exame. Dr. Petti, generosamente, forneceu-me dados sobre o câncer de mama, como os nomes, as condutas cirúrgicas etc. – todos registrados ao longo deste trabalho.

2. Entrevista: Prof. Dr. Thomaz Gollop

Rubia: Como está a incidência do câncer de mama? Há uma diminuição da mortalidade pelas campanhas públicas?

Dr. Thomaz: A prevenção pública vai aos solavancos. O Morumbi Fashion, de 1995, iniciou a campanha do câncer de mama e esta foi assumida pelo IBCC – Instituto Brasileiro de

Controle do Câncer, mas não é uma campanha institucionalizada. Precisamos investir mais em prevenção – a prevenção ainda não faz parte da cultura brasileira. As campanhas que funcionam são de vacinação e uso de preservativos. Embora a indicação do uso de preservativo seja bastante difundida em campanhas, ainda não é eficiente e nem suficiente. No caso do câncer de mama, o fato de eventualmente se ter no futuro uma política de prevenção, isto é uma parte, não é o todo.

Rubia: O senhor vê alguma inibição, alguma dificuldade nas mulheres, em relação ao toque de sua mama?

Dr. Thomaz: As mulheres não sabem fazer o auto-exame e não existe um treino neste sentido. Em tese, o auto-exame se destinaria às mulheres que não têm acesso ao ginecologista uma vez por ano – mulheres do Alto Xingu, do Acre, por exemplo. Uma das questões sérias é que mesmo mulheres de alta renda e diferenciadas culturalmente não têm **o mínimo de conhecimento do próprio corpo**. Mesmo as mulheres na faixa de trinta anos. Esta geração não teve nada de instrução na escola. Esta é uma questão controversa, uma vez que as professoras também não têm conhecimento sobre seus corpos e, muitas vezes, não têm sua própria sexualidade resolvida. Poderia ser uma coisa simples, mas a educação sexual não se modificou nos últimos anos. A questão de se tocar, de explorar o próprio corpo, está sujeita a forte bloqueio cultural e religioso. Quando encontro qualquer alteração numa mamografia, cerca de 30% das mulheres, mesmo pertencentes às classes A e B, resistem a um exame de propedêutica. No entanto, a cirurgia plástica tem sido procurada de forma exagerada ultimamente. Portanto, não é o medo de médico nem de hospital, como se pensava, que as afasta de dar seqüência aos exames.

No caso da mama, o problema maior é o medo da mutilação (total ou parcial). É algo assustador porque a imagem que as mulheres fazem é de que ficarão com um buraco e uma lesão. A primeira atitude, mais freqüente, é o receio da mutilação e este desencadeia todo um processo de bloqueios, podendo chegar ao extremo de evitar qualquer toque ou qualquer consulta.

Levantamentos recentes da rede pública indicam que a mamografia realizada entre os 40 e 50 anos não tem diminuído a mortalidade. Os exames de triagem são a mamografia e o exame clínico. Se forem detectadas microcalcificações, o próximo passo é a retirada da área e exame anatomopatológico.

De modo geral, há uma notável diferença, dos anos 90 para cá, no comportamento das mulheres. Em primeiro lugar, até então, as mulheres só faziam o papanicolau. Hoje, não só os médicos fazem o exame das mamas, como as mulheres demandam que seja feito. Em segundo lugar, vem a mamografia. É daí pra frente que a investigação, caso seja necessário, encontra resistências. Fazer exames, mesmo para as classes A e B, tornou-se um traço cultural, é como o uso de grifes. Também é assim o desejo de receber prescrição de vitaminas. Há mulheres que ficam frustradas se não recebem prescrição de medicamento.

Rubia: O senhor observa algum aspecto psicológico no perfil das mulheres com câncer de mama, que apareceria sempre?

Dr. Thomaz: Na gênese das doenças há o fator psicológico. Pessoas mais depressivas têm a tendência a qualquer coisa – de gripe ao câncer. Sabemos que os pacientes pioram quando chega a noite.

Rubia: Você se lembra de algum caso específico que chamou a sua atenção?

Dr. Thomaz: Um caso que chamou minha atenção foi de uma paciente que teve câncer de mama com 26 anos, clinicamente diagnosticado em abril de 1970. Em dezembro de 1969 ela tinha presenciado o suicídio do avô, no natal, com um tiro na boca. Esta mulher não tinha tendências tanáticas, aparentemente. Engravidou em seguida da radioterapia e, no final dos anos 70, este feto corria risco. Teve o filho, hoje está com 48 anos mais ou menos e está muito bem.

Rubia: Quanto tempo um tumor leva para alcançar um centímetro?

Dr. Thomaz: Por mais agressivo que seja, entre uma lesão microscópica até um centímetro, pode levar de um a dois anos. Depois de um centímetro, o tumor cresce em progressão geométrica.

3. Entrevista: Dr. Eduardo Carneiro de Lyra

Rubia: Você nota inibições, bloqueios, nas mulheres, em relação ao toque do próprio corpo?

Dr. Eduardo: Na presença do tumor, se a mulher percebe uma alteração, ela tem medo de procurar o médico – acaba procurando 2 a 3 anos depois – quando o tumor já está muito grande (30% das mulheres). Muitas pacientes deixam de procurar o médico por medo, outras nunca se examinam com medo de encontrar alterações. As pessoas não procuram os médicos porque a saúde é tão cara que elas nem sabem o que há para ser oferecido. Há também nesta dificuldade de procurar o médico o estigma do câncer – a mulher acha que não tem bom prognóstico, todo o tratamento é muito caro. As pessoas desconhecem porque, na verdade, é como se isso não existisse, em função dos altos custos. A própria Sociedade de Mastologia ainda é muito restrita, conta com muito poucos mastologistas e o conhecimento acaba também ficando restrito.

(Dr. Eduardo confirma a dificuldade das mulheres em se tocar. Sobre o câncer, acha que o medo é de que não haja cura nem tratamento possíveis – por isso sugere que a Sociedade de Mastologia socialize as informações para que as mulheres tenham conhecimento das possibilidades de cura e tratamento. Recentemente, a Sociedade de Mastologia obrigou para todo o Brasil a adoção de um modelo de laudo de mamografia – BI/RADS – que é dividido em cinco categorias e permite que a mulher portadora tenha acesso ao seu diagnóstico e saiba o que tem. Antes, o laudo era apresentado com códigos e ela não podia decifrar.)

Rubia: O que gostaria de falar sobre a clínica do câncer de mama?

Dr. Eduardo: As pacientes da clínica particular têm os diagnósticos precoces, não palpáveis, menores que 2 cm. Na clínica do IBCC, na parte de convênios, a maioria dos tumores tem até 2 cm. Nas pacientes do SUS, a maioria dos diagnósticos é de tumores entre 2 e 5 cm – o que determina a cirurgia radical. Somente são palpáveis os tumores acima de 2 cm. A mamografia foi muito importante para o desenvolvimento da mastologia. Não existe exame que a substitua; há os que a complementam. Até 1972, data da chegada no Brasil do primeiro mamógrafo, só era possível fazer diagnóstico de tumores acima de 2 cm. Com a mamografia, 80% dos tumores são curáveis até 2 cm.

Rubia: Você nota, na clínica do câncer de mama, algum traço comum entre as mulheres que chama a atenção?

Dr. Eduardo: Muitas vezes **as enfermeiras mais velhas** comentam que as pacientes com câncer de mama são mais depressivas, mais angustiadas, com história de algum sofrimento anterior. Como médico eu não acredito.

Rubia: Mas quando é sugerido pela enfermeira e você vê a paciente, você confirma o que foi dito?

Dr. Eduardo: Confirmo sempre o que ouvi.

4. Depoimento: Prof. Dr. Carlos Eduardo Domene

A medicina tornou-se tão especializada em tentar descobrir uma causa precisa de um distúrbio também preciso que produziu, como efeito colateral, a impessoalidade e despersonalização do atendimento. Não há mais um vínculo firme entre médico e paciente. Na verdade, a medicina tenta redescobrir isso, que o antigo médico de família ou aquele do interior, das cidadezinhas, possuíam intuitivamente – a amizade, o conluio, a cumplicidade, o conhecimento da história do paciente e de sua família inteira –, uma relação transferencial que facilitava o tratamento.

Existe uma enorme falta de treino para levar em conta os aspectos emocionais. O médico sabe que precisa levar em conta o emocional, mas não sabe exatamente como fazê-lo. Daí a criação do curso de Função Terapêutica na consulta médica. O molde proposto foi a criação de sentidos para a construção de um saber novo através da própria consulta médica, com alunos do curso inicialmente observando, através de um vídeo previamente gravado, uma consulta médica realizada nos moldes clássicos.

Diga-se de passagem, nessa consulta pré-gravada, mais do que se houvesse sido encomendado, entrevista-se uma paciente com uma espécie de polimialgia migratória – dores musculares que passavam, como que por milagre, de um braço a outro, de uma perna às costas, no transcorrer mesmo de um único diálogo. Esta paciente não trazia uma pergunta, mas um questionário, ávida por respostas, entrevista em seu olhar desconfiado, em seu jeito arredio, seus gestos contidos. Ela mesma já o dissera: "Trataram-me na Psiquiatria, encaminharam-me à Ortopedia, e eles agora me mandam para a Clínica Médica", ou seja, a "empurroterapia aplicada" em plena ação. O que surge com esta paciente para ser levado em consideração, é a possibilidade de ser ouvida no que sentia com essas sucessivas "empurradas", ou o que mais pudesse surgir em toda aquela contenção mal contida. O que se viu foi um profissional – e depois outro – fazendo com profissionalismo e competência seu mister de investigar a dor, aonde ia e de onde vinha, como melhorava ou piorava; examinando com habilidade os locais doloridos ou não, na tentativa de buscar feixes nervosos responsáveis pela parafernália daquelas queixas, para dizer o mínimo, esquisitas. Provavelmente aqueles profissionais tinham ciência (com letra minúscula), até pela falta de Ciência (com letra maiúscula) e desconhecimento da distribuição nervosa por quem trazia a queixa (por óbvias razões), aqueles profissionais tinham ciência de possíveis outros sentidos para a queixa apresentada. Somente não tinham conhecimento de uma forma, ou mesmo da importância de deixar que surgissem assuntos que a paciente pudesse e quisesse trazer, criando e enriquecendo o vínculo médico-paciente, acolhendo o ser humano que sofre e quer ter suas queixas ouvidas, que tem a intenção de que o outro as entenda e decodifique e trate.

Percebe-se, por essa descrição sumaríssima, que a técnica habitual de estabelecimento do diagnóstico e instituição da terapêutica nos moldes atuais leva em conta o somático, e não, ou quase nunca, o emocional. Faz parecer que não há tempo para isto, ou o médico se afasta rigorosamente desses aspectos. Se considerasse importante ouvir sobre o emocional como parte do tratamento que naquele momento se inicia, o médico certamente permitiria, por pouco tempo que o fizesse, a erupção dessa fala. (...) Nas anamneses seguintes, foi-se permitindo que isso acontecesse, ou até mesmo sendo ativamente estimulado, quer pelo médico entrevistador, quer pelos membros da platéia, que participaram cada vez mais ativamente da construção da história clínica e emocional daquele paciente em particular.

Um nítido ambiente de descontração, de alívio de tensão, foi surgindo nas entrevistas subseqüentes. O destravamento da rígida seqüência e da condução racional da entrevista, onde não há espaço para sentir-se à vontade, deu lugar e espaço para o sorriso, a brincadeira, o devaneio, sem nunca perder o sentido de uma consulta médica onde procurávamos investigar com profundidade as queixas referidas e suas possíveis causas orgânicas. Um claro enriquecimento, senão da facilidade de identificação do diagnóstico clínico, ao menos algo mais próximo de uma conversa entre amigos do que de uma inquisição em um tribunal onde o paciente já se sente julgado e culpado por acusações que desconhece.

Surgiu espaço para que um dos pacientes que apresentava uma febre a esclarecer, de evolução de onze meses, sem diagnóstico, com trezentos e tantos exames realizados, que o fizera mover-se de Manaus para São Paulo, que lhe trazia angústia e medo enormes e visíveis, pudesse em determinado momento assim colocar-se: "Dr., falei isso somente para um dos inúmeros médicos que me atendeu, ele não ligou muito e disse que não era nada, mas eu quero perguntar de novo (*sic*)". Bem, o paciente nesse momento trouxe uma incrível história de mistério e paixão, não sei como o romancista a descreveria. Mas trata-se de uma interessantíssima – e real – história de que, para afastar "maus odores" que de seu corpo exalavam após provável escapada extraconjugal, o paciente fechara os vidros de seu carro – às 14h, em Manaus, a mais de 40 graus de temperatura – e durante 4 minutos circulara pela cidade. Claro, uma sauna ambulante; evidente, um suadouro para ninguém botar defeito. Desde então surgira sua febre, diária, com hora marcada, sem que ninguém pudesse descobrir sua causa. "Será que foi por isso que surgiu a febre? Será que é por isso que ela não passa?" Repito – por trás de cada caso há sempre uma história – se não ajuda a descobrir o que a está causando, ao menos para o paciente, emocionalmente, faz toda a diferença.

O exame físico é um dos momentos mais intensos da consulta, pois é um espaço que favorece a ocorrência de efeitos simbólicos. No próprio exame físico, levado em consideração não apenas como uma investigação de onde e de que forma dói ou incha, mas como momento transferencial significativo, podem surgir intrigantes situações. Eu mesmo vivenciei uma destas com um paciente quando, durante minha palpação e ausculta, conforme a pergunta que lhe fazia, surgiam ou desapareciam de imediato os "borborigmos" ou "ruídos hidroaéreos". Quando perguntei: "Isso o incomoda muito?, não? Essas dores movem-se atingem grandes intensidades?" Enquanto falava daquela dor que o assustava e incomodava auscultei ruídos fortes e continuados. Momentos depois perguntei-lhe dos filhos, como estavam, se estudando, se estavam bem, e imediatamente – e quando digo imediatamente não se trata de força de expressão – os ruídos fortes sumiram, restando somente a ausculta habitual de qualquer abdômen.

A função terapêutica nada mais é do que estabelecer uma parceria com o paciente, que permite uma melhor ligação, maior aderência, melhor aceitação dos procedimentos propostos, maior retorno.

Antes de apresentar uma pequena reportagem do jornal *O Estado de S. Paulo*, publicada em 2002, farei alguns comentários sobre estas entrevistas.

Foi muito importante ter encontrado esta via de expressão, entrevistar os médicos, no cuidado que busquei manter na relação com os médicos. Neste sentido, como direção, foi extremamente conciliatório. Tanto permitiu a manifestação dos médicos sem o caráter intrusivo que pode agregar o fato de um profissional falar da área do outro ou possíveis interpretações equivocadas, quanto, a nós leitores, e aí eu me incluo, saber e pensar um pouco mais sobre a posição dos médicos e sua percepção sobre algumas questões. Isto sem contar com alguns esclarecimentos que se tornam públicos neste trabalho e podem favorecer, em cadeia, muitas mulheres.

Uma revolução a caminho

Pesquisadores apostam em exames simples, rápidos e bastante preciosos

A cada ano, 1 milhão de mulheres em todo o planeta descobrem que estão com câncer de mama. Por conta das campanhas preventivas, um número cada vez maior detecta o problema quando o tumor tem menos de 2 cm de diâmetro e não se espalhou para os tecidos vizinhos. Uma pequena parcela delas, cerca de 15% a 20% do total, corre um risco enorme de ter a doença de volta após a remoção do tumor, mas como não há ainda exame capaz de distinguir os dois tipos de câncer, todas são tratadas com quimioterapia por precaução. Ou seja, 80% fazem quimioterapia sem precisar.

Na semana de janeiro de 2002, a revista *Nature* publicou um estudo feito na Holanda e nos EUA que usou microarrays para identificar 70 genes capazes de prognosticar se um tumor de mama vai ou não se espalhar. "O índice de acerto beira os 90%, mas isso ainda não basta para ser adotado na clínica", diz Robert Weinberg. De acordo com ele, 90% de precisão não convence um oncologista a ignorar um tumor. "Mas 99% seria outra história." E a julgar pelos trabalhos apresentados na semana passada no Congresso Internacional de Câncer de Mama, em Barcelona, não vai demorar muito para alguém chegar a esses 99%. Muita gente e muitas indústrias farmacêuticas estão empenhadas na caça aos marcadores do câncer. E essa é uma outra matemática, a de um enorme mercado potencial e em expansão.

Câncer é uma doença do genoma, que surge do acúmulo de mutações de uma série de genes ao longo do tempo. Quanto mais uma célula se divide, maior a probabilidade de ocorrer um "erro" aqui ou ali. Por isso, paradoxalmente, os casos devem aumentar à medida que a população mundial envelhece. No caso dos tumores de mama, o problema é comportamental. As mudanças de estilo de vida explicam o aumento no número de casos. As mulheres têm menos filhos, engravidam mais tarde e têm a primeira menstruação bem mais cedo que suas antepassadas. "Hoje uma garota de 15 anos já menstruou mais vezes que sua tataravó, que engravidou cedo e passou pelo menos 20 anos grávida e amamentando", diz Weinberg. Isso significa que as células da mama das mulheres contemporâneas são expostas a uma quantidade de estrogênio muito grande ao longo da vida, o que aumenta o risco de aparecimento de câncer. Sabe-se dessa associação desde a Idade Média, quando se percebeu que a incidência de tumor de mama era maior entre freiras do que entre as mulheres da população em geral.

A expectativa dos pesquisadores é que a identificação desses genes leve ao desenvolvimento de testes capazes, por exemplo, de poupar milhares de mulheres de uma quimioterapia desnecessária. "O ideal seria descobrir genes que codificam proteínas alteradas, que poderiam ser detectadas por exame de sangue ou urina", diz John Quackenbush. "Você poderia criar anticorpos para detectar a presença dessas proteínas de forma simples e rápida", completa Weinberg. Microarrays dificilmente poderiam ser usados como testes, por vários motivos. "Eles levam 15 dias para ser montados e seis meses para serem analisados", diz Luiz Fernando Lima Reis, que também aposta numa nova geração de testes. "Alguma coisa simples, que precise apenas de alguém que aperte a tecla 'enter' e nem desconfie de toda matemática que há por trás disso." (R.H.B.)

(O Estado de S. Paulo, *24/03/2002*)

O Corpo como lugar da Experiência Emocional

Tratar de pensar o corpo neste trabalho é fruto de algumas observações que me pareceram muito importantes. Ao dizer que o ato cirúrgico atinge não só o corpo físico, mas afeta o si mesmo, falo de uma conjunção importante que obtive através das observações, embora a incisão aconteça no corpo, toca necessariamente o ser, o sujeito psíquico. Vivemos no corpo as manifestações de diversos estados emocionais e sentimentos, como a tristeza, o medo, a angústia. Nem sempre falamos do que estamos sentindo e tampouco podemos saber sempre o que se passa, embora isto seja uma possibilidade, isto é, se falarmos de uma dor no peito relacionada à angústia somos compreendidos de pronto. Se falarmos de algo que se produz dentro de nós, um mal-estar, um desconforto produzido por um acontecimento externo também somos compreendidos. É esta proximidade, esta modalidade de comunicação entre corpo e psiquismo que tento pôr em evidência.

Para iniciar estas articulações acho importante incluir alguns aspectos da psicossomática para destes, *a posteriori*, conduzir-me por um outro fio acerca do corpo, o qual descubro nesta clínica, mas não necessariamente como um desvio da psicossomática, talvez como um acréscimo.

Das teorias da psicossomática, Christophe Dejours se destaca em função de sua crítica ao sincretismo. O sincretismo busca a síntese, seja entre a ordem (ou o determinismo) biológica e a ordem psicológica do pensamento, dos sintomas, dos momentos de crise aguda, como o que vivi inicialmente com estas pacientes. A síntese nunca é satisfatória, por razões epistemológicas precisas, e que muitas vezes se trata de um casamento forçado pela dificuldade de o próprio analista suportar o não saber e suas angústias pessoais. Qualquer que seja a problemática que tratamos no campo transferencial, buscar uma síntese é negar o reconhecimento do outro como sujeito de carne e osso, é fazer o paciente se encaixar em alguma teoria já feita, sem nos determos naquilo mesmo que o paciente diz e está vivendo. Se pensarmos que a corporeidade está no centro do campo transferencial e isto inclui o corpo do analista, o encaminhamento da relação toma outro destino. Dejours afirma: *"...os sintomas médicos, aqueles que afetam o corpo somático – não são radicalmente estranhos à vida psíquica"*[33]. Dejours irá retomar o dualismo e criticar o monismo psicossomático propondo um conceito denominado dualismo imanente: *"A ordem psicológica não seria, em absoluto, independente da ordem biológica. Mas as relações a fazer surgir entre ambas já não seriam de ordem sincrética. Seriam, antes, da ordem da subversão. (...) Essa idéia, ou essa noção de subversão, é utilizada para designar o processo, uma vez levado a termo, por intermédio do qual o peso do determinismo biológico – que de modo algum é contestado – pode ser ao menos parcialmente conjurado pelo sujeito"*.[34] Neste ponto há novamente uma intersecção com a Teoria dos Campos na questão pontual da crítica à síntese como uma atitude antimétodo, digamos, totalmente contraproducente num pro-

[33] DEJOURS, C., *Repressão e Subversão em Psicossomática – Pesquisas psicanalíticas sobre o corpo*, Rio de Janeiro: Jorge Zahar Editor, 1991, p. 15-6.
[34] *Idem*, p. 16.

cesso terapêutico, seja qual for, particularmente no processo psicanalítico. Observo também a questão da proximidade entre o somático e o psíquico que Dejours afirma neste trecho, objeto de meu interesse.

A questão que me coloco é a seguinte: há dentro das teorias psicossomáticas não só o reconhecimento da proximidade entre o somático e o psíquico, mas uma compreensão de que uma ruptura entre a organização mental e o corpo favoreceria o aparecimento de afecções psicossomáticas. E minhas observações caminham para pensar uma falha, um certo fracasso **na** organização mental **do** corpo próprio. Considerando que há uma organização mental do corpo onde podemos nos reconhecer mentalmente, subjetivamente na relação com o próprio corpo, de que ocupamos o mesmo corpo embora passemos por mudanças permanentes, inclusive as mudanças naturais produzidas pelo tempo. Reduzindo mais ainda minha questão, chego em aspectos muito particulares ligados a esta organização ou estrutura mental do corpo feminino e seus avatares, tanto no que diz respeito à experiência que acompanhei com estas pacientes, onde pude reconhecer um distanciamento em relação ao próprio corpo, no sentido (direção) de pouco ou quase nenhum contato que permitisse pensar seu conforto e desconforto, suas demandas e limites, quanto à satisfação ética e estética em relação ao próprio corpo. Muitas destas mulheres mantêm ou têm o corpo próprio a serviço do outro, em diferentes medidas e modalidades, mas estruturalmente desta forma, como houvesse fracassado algum elo de uma cadeia desenvolvimentista, a possibilidade de apropriação do próprio corpo. Um outro aspecto associado a esta observação, é que não é de todo estranho este modo de relação com o corpo e o modo de funcionamento com o próprio Eu, o próprio si mesmo. Seguindo este caminho podemos considerar que haveria uma busca da autonomia corporal e psíquica no ser humano em geral, processo que decorrerá da diferenciação progressiva do corpo do bebê em relação ao mundo exterior. Neste caminho nos organizamos de formas mais ou menos defensivas, o que pode acarretar diferentes modos de relação disto que chamo de proximidade do corpo com o psiquismo. Joyce McDougall apresenta um estudo mais aprofundado sobre os avatares dos fracassos desta construção pela busca da autonomia e apropriação do próprio corpo na idade adulta. Estes seriam responsáveis pelas dificuldades de integrar e reconhecer como próprios, seu corpo, seus pensamentos, seus afetos. Um dos aspectos que mais me interessa aqui é quando o corpo do indivíduo é muito pouco ou nada diferenciado do corpo do outro. A partir desta separação entre o bebê e sua mãe, no início da vida, tanto o desejo de voltar à fusão quanto o de seguir buscando a autonomia seguirão presentes, e aparecerão nos diferentes momentos por que passamos. Estes momentos, especificamente, da dor física ou psíquica tendem a nos remeter à busca da fusão perdida. O que irá compensar a perda é a construção da identidade subjetiva e singular. Para o interesse deste trabalho cabe lembrar que esta identidade subjetiva também contempla a construção particular da mama até sua representação simbólica, o seio, aspecto diretamente ligado ao desenvolvimento do feminino e do ser mulher. Nesta história está contida, como pano de fundo, a primeira experiência de separação, a do bebê e o seio materno, experiência fundante que separa o de dentro e o de fora. O seio tem a propriedade particular de ser o primeiro representante de um mundo separado do corpo do bebê, isto é, tempo em que o bebê já captará os sinais externos a partir de sua própria percepção. Cria-se assim um espaço onde os sentidos informarão o que estamos sentindo e estes sinais formarão os fantasmas, o que interpretamos sobre a experiência e os pensamentos. Por diferentes que sejam exercerão alterações no meio, no corpo e no estado psíquico de cada um. Estas modificações podem ser de caráter objetivo ou subjetivo, mas produzirão modificações. A relação com o corpo estará então submetida a como cada um se relaciona com seu próprio corpo, com a realidade, dependendo das deformações, da compreensão ou até mesmo de uma certa surdez em relação ao todo.

O corpo ao longo da experiência da vida produzirá inúmeras representações e sempre funcionará de acordo com as motivações inconscientes que decidem a causalidade dos acontecimentos que cada um poderá atribuir às experiências vividas. Estas escolhas determinarão o lugar que o corpo ocupará na vida do sujeito. A história destas representações estará em constante modificação e permanecerá aberta para outras futuras. Por serem cambiáveis e, portanto, permitir que aceitemos as novas e surpreendentes modificações, temos a sensação de permanência no mesmo corpo, pois somos obrigados a rever tais representações a cada experiência que nos afeta e refazêlas permanentemente.

Por último, tomamos em consideração que o que se configurar como sendo a relação Eu – corpo, a partir da presença da alteridade, o sujeito tenderá a repetir os mesmos conflitos de sua relação com o corpo na relação com o outro. Podemos pensar, portanto, que o corpo também demanda uma história, uma biografia e um biógrafo, que narrarão as vicissitudes que se apresentaram desde a fusão com a mãe até enquanto as representações do processo de individuação perdurarem, isto é, até a morte. Em última instância, tanto o conhecimento quanto o investimento feitos no corpo o transformam em fonte, lugar e instrumento do prazer, sendo este, o do prazer, o primeiro do qual o Eu da criança se apossa; será igualmente o corpo sofredor e, nesta experiência, o corpo se revela e se identifica definitivamente como externo, estrangeiro, como um objeto autônomo capaz de provocar muito medo, que pode provocar uma relação de perseguidor – perseguido entre o Eu e o corpo, uma vez que ninguém pode deixar de manter um investimento, que seja mínimo, em seu próprio corpo: o corpo é soberano para a vida, uma vez que o começo e o fim da vida acontecem no e através do corpo.

Tudo isto deverá nos servir de apoio para considerar alguns pontos de experiências vividas no corpo, como, por exemplo, dentro de um hospital, a paciente operada, ao falar: "estou com dor", embora seja muito mais provável ser medicada para dor e isto ter sentido e indicação, não seria estranho poder ser escutada também na dor da alma, digamos. Falar que sente dor agrega este ponto do conjugado que é o ser que dói ou, entendermos: eu estou doendo também na alma. O que descobri é que esta comunicação tem dupla mão, isto é, ao falar da dor do corpo operado, fala ao mesmo tempo da dor psíquica.

Uma questão se coloca: é certo que foi fundamental poder escutar aquilo mesmo que surgia no discurso destas mulheres e que não falava diretamente de preocupações ligadas à cirurgia, ao corpo; no entanto, mesmo tomando a negação como um mecanismo em pleno funcionamento neste momento, não haveria aí algo mais? Ao longo do acompanhamento destas mulheres, veremos adiante um fio comum, um certo distanciamento de si em suas histórias, de modo geral, ligadas a particularidades da relação com a mãe, deslocadas na atualidade nas relações amorosas em geral. Observei que há uma história da pessoa no corpo. Pude observar nesta clínica, em particular, mas também na clínica em geral que existe uma relação singular e subjetiva estabelecida com o corpo.

Tanto na clínica quanto através das entrevistas obtive confirmação da dificuldade que a maioria das mulheres encontra em relação ao próprio corpo, seja no que diz respeito a um certo saber de si (corpo), de tocar-se, de considerar e reconhecer que o corpo tem demandas autônomas. Desta forma não é difícil reconhecermos que há obstáculos que se constituíram ao longo da vida das mulheres que resultaram nestes obstáculos. Embora haja diferenças nas manifestações das dificuldades, estas sujerem em algum ponto aspectos ligados, referidos à relação com suas mães.

Retomando a experiência de perda do seio, busquei compreender quais representações são produzidas a partir desta perda. Por que, de modo geral, as mulheres só se dão conta da devida dimensão do acontecimento da doença depois da cirurgia. Haveria nesta constatação algo que diferencia o que se escutou daquilo que é vivido no corpo?

O que pretendo neste capítulo é estabelecer um espaço de reflexão sobre algumas especificidades que a clínica com estas mulheres com câncer de mama me levou a pensar sobre o *corpo* e, em geral, permitir uma discussão acerca da corporeidade na psicanálise e suas implicações clínicas. Para ser fiel ao meu propósito, o objetivo é *dar voz ao corpo*, pois foi no interior desta presença/ausência do corpo que nasceu este trabalho.

"Deixar que os fatos falem", *mostrem-se* , como dizia Freud, citando Charcot, sempre foi a questão central do método psicanalítico. Este trabalho se baseia nesta premissa, o que o tornou muito rico, dentre muitas outras razões, porque é um fazer clínico guiado pelo método, o qual nos permite, de maneira mais fluida, uma certa atenção flutuante, mas não desligada do que fala a paciente, bem ao contrário, de corpo presente; ao mesmo tempo em que nos desapegamos um tanto das teorias, estas irão tomar lugar novamente, depois de termos levado em consideração algo que surgiu como um sinal importante daquela fala da paciente; e aqui há, necessariamente, uma presença do corpo do analista neste ligado, atento transferencial. Trata-se de um fazer clínico muito vivo justamente porque podemos abdicar, embora não seja tão simples assim, de um saber *a priori*, é um fazer descongelado, fresco, no calor do encontro transferencial. Este foi um ponto máximo, do ponto de vista clínico: buscar resgatar o método psicanalítico na prática. Este último encontra na Teoria dos Campos sua premissa básica: produzir ruptura de campos, isto é, descobrir no princípio do absurdo o modo de realização do desejo humano, o que significa deixar que os fatos surjam e tomá-los em consideração. Este foi, basicamente, o fazer clínico que me permitiu o acompanhamento destas mulheres com câncer de mama. É evidente que também venho desenvolvendo esta prática no consultório.

O campo psicanalítico foi constituído num transcurso longo e marcado por várias e pequenas rupturas teóricas e articulações conceituais. As influências foram muitas, desde o momento histórico-político e filosófico, as artes e a literatura, porém, a medicina tornou-se o berço da psicanálise devido à formação de Freud. O corpo, especificamente, foi um dos pólos onde estas rupturas teóricas e as criações de novos conceitos aconteceram, uma vez que este corpo tanto era objeto da medicina quanto pertencia ao campo da cena histérica. Foi a partir da escuta do que deixava de falar a conversão no corpo da histérica que Freud iniciou a construção da psicanálise e iniciou seu afastamento da medicina. Para a psicanálise, portanto, o conceito de corpo é um conceito limite. Além disso, Freud precisou sair da medicina para ver e dar voz às conversões sintomáticas das histéricas.

O que se passava no corpo da histérica era uma conversão anatômica dissociada da anatomia do sistema nervoso e que não tinha ligação alguma com as paralisias orgânicas: havia na paralisia histérica uma delimitação precisa e uma intensidade excessiva, aspectos ausentes nas paralisias orgânicas. Foram estas observações que levaram Freud a construir a primeira e nova concepção de corpo – o corpo representado ou imaginado – diferente do que postulava a medicina. O corpo representado seria fruto de

> *"uma concepção corrente, popular, dos órgãos e do corpo em geral. Essa concepção não se fundamenta num conhecimento profundo de neuro-anatomia, mas nas nossas percepções táteis e, principalmente, visuais. (...) Portanto, na paralisia histérica, a lesão será uma modificação da concepção, da idéia de braço, por exemplo. (...) A lesão, portanto, seria a abolição da acessibilidade associativa da concepção de braço. (...) O braço estará paralisado em proporção com a persistência dessa quantidade de afeto ou com a diminuição através de meios psíquicos apropriados (...) o órgão paralisado ou a função abolida estão envolvidos numa associação subconsciente que é revestida de uma grande carga de afeto, e pode ser demonstrado que o braço tem seus movimentos liberados tão logo essa quantidade de afeto seja eliminada"*[35].

[35] FREUD, S. *Algumas considerações para um estudo das paralisias motoras orgânicas e histéricas* (1893-[1888-1893]). *ESB*, p. 242-3.

Freud segue, afirmando que

> *"nas suas paralisias e em outras manifestações, a histeria se comporta como se a anatomia não existisse, ou como se não tivesse conhecimento desta. (...) Ela toma os órgãos pelo sentido comum, popular, dos nomes que eles têm: a perna é a perna até sua inserção no quadril, o braço é o membro superior tal como aparece visível sob a roupa"*[36].

A partir daí, Freud foi se afastando gradativa e estrategicamente do campo da medicina para constituir o campo psicanalítico.

Desde então a histeria se articula no campo da representação. O impasse que trouxe a histérica para Freud e para a humanidade é que seus complexos sintomas escapavam da racionalidade médica e somática, uma vez que para a medicina o saber se constrói relacionando os sintomas com as lesões anatômicas que lhes correspondem. Freud ainda enfrentou conflitos com Charcot, que buscava uma explicação, senão neuroanatômica, então funcional. Freud não encontrou sentido nesta compreensão da histeria e justificou com a teoria da ab-reação e do trauma. Trauma era esta quantidade de afeto que tinha origem interna e não circulava psiquicamente. A histeria propõe uma nova etiologia. Foi em 1893, em "Algumas considerações para um estudo das paralisias motoras e histéricas", que Freud comunicou sua interpretação acerca da histeria e provocou perplexidade entre os médicos: os sintomas corporais da doença não podiam ser explicados pela racionalidade da medicina, uma vez que estavam centrados num corpo representado. Neste sentido, o entrelaçamento dos sintomas histéricos, entre o corpo físico e o corpo representado, foi construído através do deslocamento da lógica da anatomia para a lógica da representação.

Freud diz que a histérica não tinha um profundo conhecimento da anatomia. Estes foram os primeiros indicativos que a histeria deu a Freud para pensar uma outra ordem acerca do corpo. O mais im-

[36] *Idem*, p. 241-2.

portante de suas observações é que é pela percepção táctil e visual que se constrói este outro, o corpo, não o da anatomia, necessariamente. Mais tarde, o ponto de ligação entre o somático e o psíquico será o sexual: o que fica indicado é que há uma ordem de experiência emocional recalcada que se expressa numa experiência corporal. Exemplificando: ante o sintoma de um braço paralisado, haveria uma relação que liga o braço a um *quantum* de afeto, ligado a uma vivência que ficou recalcada pois não podia circular e portanto sem representação, melhor dizendo, manifesta na conversão. Este braço não é de ordem nem anatômica, nem tampouco funcional. A parte do corpo, objeto da conversão histérica, sempre tinha alguma relação com a experiência recalcada. Além disto, fica evidente a *coexistência entre o somático e o representado*.

Esta veio a ser a primeira construção positiva que estabeleceu a possibilidade de existir uma outra ordem corporal que se descola da ordem pensada pelo método anátomo-clínico. Isto impôs a Freud uma outra complexidade teórica: seus fundamentos implicavam conferir à anatomia e à patologia uma configuração imaginária, que não passasse pelas lesões neuroanatômicas, e que ao mesmo tempo conferisse, necessariamente, legitimidade à representação. Para ele, as histéricas sofriam suas dores na imagem do corpo e não na materialidade corporal ou na estrutura anatômica, ainda que, cabe ressaltar, elas sentissem realmente suas dores, isto é, tivessem a vivência subjetiva das dores como se fossem do tipo anatômicas ou funcionais. Esta formulação teórica trouxe conseqüências definitivas para o encaminhamento clínico e para a terapêutica da histeria. As crises histéricas eram produzidas pelas marcas da experiência traumática que, por sua vez, incidiam no corpo representado. O corpo representado encenado pela histeria sofre um total deslocamento do plano biológico (que constitui um outro campo de registro da história do sujeito) para uma estrutura que se organiza no plano do sentido. Porém, o corpo representado ainda não era um corpo sexual, estatuto que só veio a alcançar depois de serem postuladas a etiologia sexual, a conversão e a defesa, aspectos desenvolvidos na teoria do trauma e da sedução, em *A etiologia da histeria* (1896) e na *Carta 69* a Fliess, de 21/09/1897. A teoria do trauma postulava que o "excesso" que circulava no corpo e que não tinha articulação psíquica fazia com que um fato da realidade externa se tornasse traumático. Durante algum tempo, Freud ainda classificava as histerias em traumáticas e não traumáticas. Em 1866, ao reduzir todas as histerias à de defesa, postulou que a defesa e a conversão eram os mecanismos próprios da histeria. O fator traumático da histeria passou a ser de ordem sexual. A defesa, a etiologia sexual e o mecanismo próprio da histeria, a conversão, têm como base uma hipótese quantitativa: a ruptura do princípio de constância pelo excesso de excitação gera o desprazer do qual o ego tentaria se livrar pela conversão. O que gera o excesso de excitação é uma representação inconciliável de natureza sexual. A etiologia da histeria passou a ser de caráter sexual. A teoria da sedução, que se seguiu à teoria do trauma, postulava uma experiência sofrida passivamente pela criança, em que um adulto lhe provocava uma irritação nos genitais e, como a criança não tinha como compreender a experiência, ou seja, representá-la como sexual, esta se transformava em traumática.

Em 1905, com o trabalho sobre a sexualidade infantil, outra complexidade é adicionada à questão da histeria e, conseqüentemente, ao corpo: o corpo erógeno, que se constitui a partir do corpo representado originário. Isto significou para a histérica que, além da conversão, além de suas dores se referirem ao imaginário e, portanto, ela sofrer de suas reminiscências, sua psique também era campo de uma intensa luta entre as posições masculina e feminina dos fantasmas sexuais querendo tomar posse do corpo representado, fruto da descoberta das hostilidades infantis em relação a seus pais.

Freud encontra-se novamente às voltas com as questões do corpo biológico quando tem que dar conta da neurastenia, descoberta pelo norte-americano Beard. Diferentemente do que construiu na teoria da histeria, defende agora que a neurastenia estaria no âmbito do corpo biológico, sendo apresentada como resultado de uma disfunção da economia sexual. Afasta-se da concepção de uma psicogênese generalizada e absoluta, e volta a tentar estabelecer uma diferenciação entre corpo representado e corpo biológico. Acaba por estabelecer dois grupos de neuroses: as psiconeuroses e as neuroses atuais. A histeria e a neurose obsessiva estariam no primeiro grupo, enquanto a neurastenia e a neurose de angústia pertenceriam ao segundo grupo. Ao fazer esta divisão também provocaria uma divisão da sexualidade, a qual circularia de diferentes maneiras entre o corpo representado e o corpo biológico. O corpo representado é sexualizado e seu investimento sexual não é o mesmo que estaria circulando no corpo biológico. A questão da sexualidade é que seria a tônica dos sintomas das psiconeuroses. A excitação sexual produzida no campo do corpo biológico, das neuroses atuais, não teria alcançado o corpo representado. Os sintomas se originariam justamente desta impossibilidade.

Fica evidente o esforço de Freud para tentar construir uma teoria que fizesse a articulação entre o corpo representado e o corpo biológico, através da articulação clínica entre as psiconeuroses e as neuroses atuais. Esta articulação parece ser a questão fundamental de suas construções. Dentro deste contexto histórico da histeria há uma ruptura epistemológica entre o corpo biológico e o corpo representado e é isto o que sustenta as articulações clínicas entre as psiconeuroses e as neuroses atuais. O conceito de representação marcará, de forma definitiva e, muito importante para o pensamento freudiano, os limites que circunscrevem o campo da psicanálise e suas fronteiras com o campo médico e psiquiátrico. Birman afirma:

> *"A articulação entre essas formulações torna ainda mais fundamental se considerarmos que o critério epistemológico do corpo representado é o correlato da metodologia freudiana de investigação, baseada na análise de representações".*[s37]

[37] BIRMAN, J. *Freud e a Interpretação Psicanalítica.* Rio de Janeiro, Relume Dumará, 1991, p. 145.

O corpo biológico é o que contém excitação sexual, porém sem representação. Para Freud, o que interessa mesmo sobre as funções biológicas do organismo humano é a função sexual na relação entre o corpo biológico e o corpo representado. Tanto na etiologia das neuroses, quanto na organização clínica, a função sexual aparece como divisor de águas e como a questão mais importante. Segundo Birman:

> *"Além disso, por suas características especificamente humanas, a função sexual do sujeito parece ser a única entre as diversas funções biológicas, cuja realização funcional no organismo depende de uma passagem pelo registro da representação psíquica. Revela-se assim a singularidade do organismo humano no plano biológico e finalmente se encontra a via privilegiada para investigar esta passagem do registro corporal para o registro psíquico. (...) Esta maneira de colocar a questão das relações entre corpo biológico e corpo representado abre a via metodológica para constituir o conceito de pulsão (Trieb), que na economia interna da psicanálise vai desempenhar depois o papel de operador teórico que circunscreve esta problemática."*[38]

Como já descrevemos anteriormente, o corpo da histérica é um corpo imaginado, depois um corpo sexual, erógeno. Trata-se do reconhecimento do conceito de representação como nos ensinou Freud. O conceito de representação merece cuidados, uma vez que ele não corresponde à tese de que o psiquismo copia o mundo real, voltando a "apresentá-lo" em forma de elementos mentais. O termo deve ser entendido como uma **construção.**

Em toda a obra freudiana, no que se refere à questão da corporeidade, há um vai-e-vem entre o biológico e o psíquico. O estatuto do corpo não é unívoco na psicanálise, contempla desde o organismo biológico, funcional, até o corpo erógeno, que é uma construção psicológica. Esta superposição conceitual, associada às ques-

[38] *Idem*, p. 147-8.

tões epistemológicas, históricas e políticas, impôs ao estatuto do corpo, representante soberano da vida e da morte, um não-lugar, um resto desligado que nos convoca a trabalhar. O corpo não alcançou uma construção conceitual na obra freudiana, tanto que se fizermos uma varredura não encontraremos nada que aponte para uma construção conceitual específica.

Há uma demarcação de territórios epistemológicos e a entrada da psicanálise acerca do corpo organismo foi excluída. Todo este esforço, o qual acabou com a exclusão do biológico, sustentou-se na necessidade que demandou a construção do lugar da psicanálise. No meu trabalho, não é exatamente uma volta à medicina, onde o corpo biológico é ou era considerado como um conjunto de órgãos, somente isto, no entanto, há uma tentativa de retomar em outra dimensão o corpo biológico, agora atravessado pela psicanálise.

Birman fala da colonização do corpo-organismo pela medicina e sua contrapartida, o corpo sem carne, objeto da psicanálise. Uma vez os saberes divididos, em cadeia, temos o sujeito dividido e as clínicas também. Talvez seja este prejuízo uma das causas de tantos obstáculos já mencionados no caminho percorrido neste trabalho. Embora a tecnologia venha tomando posse absoluta no campo do corpo-carne, podemos notar que seu sucesso não é absoluto, principalmente se nos aproximamos destes pacientes, que temporariamente estão sob os cuidados estritos da medicina e vimos o sofrimento subjetivo em carne e osso. Esta divisão causou um espaço vazio onde há sofrimento humano e nada construído que possa acolhê-lo. É neste lugar que pude trabalhar.

Depreendemos deste estado de coisas que a divisão dos saberes em territórios sobre o corpo, deixando de fora o corpo/sujeito que sofre, exclui o corpo como campo de experiência, emocional. O paradoxo tanto da psicanálise quanto da medicina, em relação aos momentos de negação do corpo para uma, e apagamento da subjetividade para a outra, talvez indique que não há redução possível, há que se trabalhar com a dúvida, com o vai-e-vem entre postulados, já que o sujeito humano é esta complexidade. Assim como temos um corpo orgânico, fisiológico, biológico, também carregamos no corpo uma história singular. A psicanálise não deveria negligenciar o corpo neste "entre"que seria escutar os manifestações do corpo e produzir representações. Por exemplo: uma paciente diz que está com dor e quer chamar a enfermeira para pedir uma medicação. Se o analista pergunta: "Dor?" abre-se um espaço para falar de "dores" da sua vida. Daí a necessidade de pesquisa, de retomada de questões acerca do sofrimento no e do corpo, uma vez que a psicanálise foi fundada exatamente neste corpo/carne para a constituição do aparelho psíquico, dos registros desejantes e pulsionais inscritos no corpo. Isto me é de particular interesse para poder pensar, por exemplo, as questões em torno do que é que se passa com o corpo-carne quando é o lugar de uma experiência que o transcende.

Freud tentou fazer uma desconstrução do paralelismo psicofísico que marcava sua época, como, por exemplo, em seu texto "Sobre a afasia" (1891), onde afirma que a afasia é um problema psíquico. Para Birman, esta questão teve origem numa solução de compromisso entre um projeto teórico e um programa político da Standard Edition com os saberes, médico e psiquiátrico, deixando a psicanálise com o compromisso de se estabelecer como obra psicológica, o que, segundo este autor, também era o desejo de Freud. No entanto, e esta é a questão, o corpo foi ficando em um "sem-lugar", uma vez que, entre os dois saberes ficou um vácuo que viabilizou a circulação, sem suporte teórico e clínico, do desamparo a que as questões do corpo no sentido "popular" foram submetidas, como assinalou Freud, falando das histéricas. A clínica atual nos indaga e nos convoca a trabalhar através de nossos pacientes de dentro e de fora do consultório. A própria evolução da medicina nos oferece hoje a possibilidade de adiar a morte às custas de técnicas cirúrgicas altamente evoluídas, porém, invasivas (como as cirurgias mutiladoras, transplantes, pontes de safena, reprodução assistida, etc.). Estas técnicas são fruto de um desenvolvimento tecnológico que caminha numa velocidade muito distante da temporalidade e fragilidade humana. Portanto, é preciso refletir sobre como o corpo/sujeito pode responder aos avanços e com quais conseqüências. O importante parece ser, não os fatos em si, mas a possibilidade de abrirmos um espaço de escuta para o que é desta ordem e que a modernidade cada vez mais nos impõe, possibilitando algum caminho em direção à simbolização, ainda que saibamos que esta jamais será totalizante e que sempre sobrará um resto. A resistência dos analistas, que ficaram submetidos e protegidos pelo *setting* e pela égide da escuta, deixando também seus corpos de fora, é um aspecto a se considerar no abandono do corpo pela psicanálise. As questões políticas e disputa pelo poder sem dúvida têm uma importância para além de nossa imaginação.

Seguindo com a questão do abandono do corpo pela psicanálise, podemos pensar que esta exclusão afasta a clínica psicanalítica, em parte, da realidade que vive hoje e concluo que estas exclusões vêm cobrando um alto custo para a psicanálise, uma vez que o afastamento trouxe conseqüências para a clínica quotidiana, deixando o analista muito pouco sensível, se não cego para os sinais que o psiquismo apresenta através do corpo, acabando por ficar restrita ao manejo de uma técnica clínica que se inscreve no limite da racionalização. *"A utilização daquela provoca efeitos notáveis e inquietantes nos analisandos, além das impossibilidades de escuta flagrantes da figura do analista."*[39] A experiência clínica, da qual este trabalho é fruto, fala disto. Descrevi extensamente os obstáculos que enfrentei para escutar as pacientes, obstáculos estes que passavam, dentre outros fatores, pela dificuldade em olhar e ver os gestos, o choro, o olhar de medo. Foi de fundamental importância o olhar e ver o corpo. Esta inclusão abre um campo ao analista, enriquece suas possibilidades de escuta num sentido mais amplo e isto encontra-se, hoje, totalmente excluído do fazer analítico. Escutar o corpo é escutar o desamparo ao qual estas pacientes estão submetidas. Falam pouco

[39] *Idem*, p. 57.

ou quase nada da cirurgia, que é de grande porte e mutiladora. Ainda assim suas falas sugerem, indicam suas inquietações, que passam, necessariamente, pelo medo de viver num outro corpo, estranho, de como poderão se organizar diante das limitações impostas pela cirurgia, e muitos outros sofrimentos surgem da história deste corpo/sujeito que não é mais o mesmo. Este corpo será convocado, a partir da cirurgia, a se adaptar o estranho e ao mesmo tempo a tentar se reconhecer como o mesmo. Não há como negar a pergunta e o trabalho que demanda sobre o imaginário do corpo narcísico, o qual foi ferido por uma perda. O corpo é um só e, ao mesmo tempo, vamos descobrindo que é "muitos". As experiências emocionais da história de cada um, seguramente, estão registradas no corpo, assim como esta também ficará. Pensando desta forma, uma experiência, necessariamente, estará em proximidade com todas as outras e, suponho, poderia impulsionar e clamar por sentidos passados que se tornam presentes através desta experiência atual.

Quando falo de um corpo que é "muitos", incluo tomar em consideração o que o corpo da experiência fala, considerar a relação que existe entre o sujeito e seu corpo, uma vez que enfrentará um corpo próprio que assumiu uma soberania tirânica, pela via de sua própria natureza, revelando-se um corpo ditador irrompendo silenciosamente, tomando para si o poder sobre a vida e a morte, ao invés de se manter como um servidor mudo. A psicanálise constituída por Freud, ainda que precisando dar conta do corpo representado da histérica, sempre manteve o impasse do corpo erógeno da sexualidade, mas em nenhum momento se poupou diante das dúvidas; sempre se manteve em movimento de pêndulo diante dos vários registros que o corpo pode representar, de todos os corpos – o da medicina, o da filosofia, o da psicanálise, o da bioquímica, etc. A psicanálise sempre os tomou determinada pela necessidade de construir conceitos e seguir suas descobertas. Não há como dizermos que na psicanálise há um corpo. Podemos pensar que são vários "outros eu/corpo": corpo/Eu, corpo/sujeito, sujeito/objeto, corpo de relação, corpo pulsional.

Freud nos deixou dentro do impasse e é melhor que não se adira às certezas pois elas são próprias da negação. O mundo psíquico é o mundo do inconsciente, onde a lógica reinante não é a do verdadeiro ou falso, mas, sim, uma lógica que inclua a incoerência, o paradoxo. Descobrimos isto tão logo, por exemplo, uma doença se instaure e sejamos submetidos ao que ela, desde o corpo orgânico, impõe ao Eu. Quem está ameaçado, nestas circunstâncias, é o Eu, pois não é o corpo que morre, é o Eu que teme as perdas, enquanto o corpo estiver vivo. Embora sugira que a psicanálise está perdendo o bonde da história, faz-se necessário pesquisar o sofrimento humano onde ele acontece. Isto demanda uma mudança significativa na relação dos analistas com a própria psicanálise.

Freud discute o processo de uma representação se tornar consciente no capítulo IV do "Esboço de Psicanálise" (1940), sugerindo que tal processo está, acima de tudo, ligado às percepções que os órgãos sensoriais recebem do mundo externo. No entanto, a questão do corpo em psicanálise, ainda nesta época, não era nem um pouco clara, como estamos acompanhando que ainda não é. O corpo sempre foi pensado a partir do nascimento, como objeto dos cuidados maternos, para que as inscrições acontecessem e constituíssem o sujeito. O que estou postulando é a possibilidade de considerar o corpo numa experiência tardia, na vida adulta, de um acontecimento que impõe uma experiência emocional intensa, como paradigma de uma possibilidade de elaboração. Para tanto, precisamos tomar o corpo como um campo de experiência *funcional, emocional, orgânico, inconsciente, corpo/sujeito*.

O Corpo na Constituição do Sujeito

É a partir das primeiras experiências, derivadas das necessidades básicas, que se organizam *por apoio* as primeiras experiências de prazer. Isso está posto tanto para o que é da ordem do instinto tornar-se pulsão, quanto para o que é da ordem do biológico tornar-se organização erógena e subjetiva. Freud afirma que o ego, no início, era corporal.

Segundo Didier Anzieu,

> *"A embriologia pode nos ajudar a nos desligar de certos hábitos de nosso pensamento chamado lógico. No estágio da gástrula, o embrião toma forma de um saco por 'invaginação' de um de seus pólos e apresenta dois folhetos, o ectoderma e o endoderma. É, aliás, um fenômeno biológico quase universal (...). Voltemos ao embrião: este ectoderma forma por sua vez a pele (incluindo os órgãos dos sentidos) e o cérebro. O cérebro, superfície sensível protegida pela caixa craniana, está em contato permanente com esta pele e seus órgãos, epiderme sensível protegida pelo espessamento e pelo endurecimento de suas partes mais superficiais. O cérebro e a pele são seres de superfície, a superfície interna (em relação ao corpo*

> *tomado em seu conjunto) ou córtex estando em relação com o mundo exterior pela mediação de uma superfície externa ou pele, e cada uma dessas cascas comportando pelo menos duas camadas, uma protetora, a mais externa, outra sob a precedente ou nos seus orifícios, suscetíveis de recolher informação, filtrar mudanças. O pensamento, seguindo o modelo da organização nervosa, aparece não mais como uma segregação, uma justaposição e uma associação de núcleos, mas como uma questão de relações entre superfícies, com um jogo de encaixes entre elas, como já assinalara Nicolas Abraham, que as faz tomar, uma em relação à outra, ora uma posição de casca, ora uma posição de núcleo".*[40]

Ser tomada de súbito por este acontecimento é como ser tomado em seqüestro por um estranho, um estranho Eu do corpo orgânico que toma o corpo/sujeito e ao qual o ego não tem acesso nem autonomia. O ego perde sua soberania imaginária. Ao mesmo tempo há uma necessidade intrínseca de acolher o estranho, o ego é obrigado a investir nesta experiência, porém, é fundamentalmente o ego que fica ameaçado de morte. Se vivemos no corpo a ameaça de perder a vida, para o ego, na alma, ficamos ameaçados de perder as referências, a identidade, objetos que nos são caros. Depois de constituído o eu, ele sempre ficará submetido às ameaças da instabilidade da vida.

É no corpo orgânico que a doença se manifesta, mas é apenas a partir do momento em que ela convoca o corpo em todas as suas dimensões que podemos falar de experiência, uma vez que se amplia o campo. Quando falamos de procedimentos invasivos, de perda e de dor, estamos num campo que contempla tanto aspectos objetivos, quanto subjetivos, embora meu trabalho fique circunscrito mais na experiência subjetiva. Este sujeito estará exposto numa experiência extremamente dolorosa onde é convocado a experimentá-la com seu corpo, o que seria impensável sem o suporte egóico e, evidentemente, sem as outras dimensões corpóreas a que já nos referimos. A

[40] ANZIEU, D., *O Eu-Pele*. São Paulo, Casa do Psicólogo, 1989, p. 10.

separação de territórios, em relação ao corpo, foi se estabelecendo na história da psicanálise para atender necessidades teóricas, e, embora precisemos pensá-las separadamente, uma forma articulada nos convoca o tempo todo, uma vez que, na realidade, elas são inseparáveis como campo de experiência. O mesmo corpo que passará pela cirurgia terá a função de intérprete ativo ou passivo da imagem do corpo, no sentido de permitir a objetivação de uma intersubjetividade. Nestas cirurgias, é bom lembrar, há uma alteração importante no esquema corporal. O esquema corporal é a abstração de uma vivência do corpo e estrutura-se pela aprendizagem e pela experiência. Tanto a mastectomia quanto o esvaziamento axilar interferem de forma significativa no corpo da paciente. Quando é feita a reconstrução da mama as alterações são mais extensas. Trata-se de uma grande incisão abdominal onde os músculos retroabdominais são seccionados,[41] para fazer o enxerto. Além disso, agrega-se uma outra alteração importante, produzida pela cirurgia, que é a dificuldade na drenagem linfática.

Este conjunto de alterações é vivido no corpo da paciente e associado a grande desconforto e estranhamento em relação ao esquema corporal. Enquanto experiência, o corpo também está sob efeito tanto dos afetos, aquilo que afeta e que não tem uma representação enquanto forma, produz desprazer ou prazer, quanto sob efeito das emoções. A emoção tem uma dimensão motora, põe algo em movimento. Ela é a conjunção entre afeto e representação.

O esquema corporal se cruza com a imagem do corpo, segundo Dolto, através do narcisismo. A imagem corporal, para Dolto, é a memória inconsciente do vivido relacional, é atual, dinâmica e é narcísica e inter-relacional. É pelo narcisismo que se torna possível produzir representações, uma vez que se articula o que já é marca com a experiência atual. Temos que o corpo, na dimensão do esque-

[41] Esta técnica não é usada por todos os médicos. A grande maioria secciona um único pedúnculo, porém há maior incidência de necrose do enxerto. O uso dos dois pedúnculos diminui a possibilidade de necrose. Para este uso é necessário seccionar os dois músculos retroabdominais.

ma corporal, é afetado ao mesmo tempo em que, na forma passiva ou ativa, a paciente será afetada também em sua imagem corporal. A perda do seio é uma perda narcísica e é através do narcisismo que se cruzarão tanto a experiência, na dimensão do esquema corporal, quanto na imagem inconsciente do corpo.

Esta impressão de alinhamento que fica aqui descrita se manifesta de forma muito obscura e não é nada simples na clínica com estas pacientes. É muito freqüente que o acontecimento permaneça na dimensão do esquema corporal.

Se pensarmos na alienação em relação ao próprio corpo nas mulheres, tendo esta experiência como paradigma, podemos concluir que outras passagens da vida da mulher podem ficar na dimensão do esquema corporal sem atingir ativamente sua imagem do corpo, produzindo novas representações. Françoise Dolto faz uma distinção importante sobre isto afirmando que o esquema corporal é o mesmo para todos, especifica o indivíduo enquanto representante da espécie, no entanto a imagem do corpo é singular, é de cada um.

> *"Ela é específica de uma libido em situação, de um tipo de relação libidinal. A imagem do corpo é a síntese viva de nossas experiências emocionais. É graças à nossa imagem do corpo sustentada por – e que se cruza com – nosso esquema corporal que podemos entrar em comunicação com outrem. Todo contato com o outro, quer o contato seja de comunicação ou para evita-la, é subentendido pela imagem do corpo; pois é na imagem do corpo, suporte do narcisismo,* ***que o tempo se cruza com o espaço****, e que o passado inconsciente ressoa na relação presente"*[42] (destaque meu).

A intimidade com o próprio corpo passa pela possibilidade de se construir a história vivida, a qual será constantemente refeita por novas representações.

[42] DOLTO, F. *A imagem inconsciente do corpo.* São Paulo, Editora Perspectiva, 2001, p. 15

O Corpo Erógeno

É o fator relacional que irá conferir às zonas erógenas, zonas de revestimento da pele e das mucosas, especialmente as zonas orificiais, o lugar de corpo erógeno. É através dos cuidados maternos dirigidos às zonas erógenas, que já têm características privilegiadas, como o fator inato, fisiológico, uma sensibilidade particular, que se dará por constituir o corpo erógeno. A partir do conceito de corpo erógeno, todo o corpo seria excitável e haveria partes que seriam erotizadas autonomamente, estimuladas externamente, por um outro, numa relação de troca. Por isso, o corpo erógeno é um corpo pulsional e de relação. As zonas erógenas são especificamente as zonas de revestimento da pele e das mucosas. Tanto é assim que são as zonas mais sensíveis, tanto por fatores fisiológicos e porque são orifícios de entrada e saída de alimentos e excrementos, como também porque a excitação que surge nelas assim o determina. São as zonas privilegiadas pelos cuidados maternos. Desta construção teórica, vale evidenciar, com vistas a pensar o trabalho com as mulheres com câncer de mama, que qualquer parte do corpo que passe pelo investimento, na relação de troca, será também objeto de fantasias e contém, nestes primeiros tempos da vida, um sentido emprestado por aquele que a toca. É do corpo erógeno que podemos partir para nossa reflexão, uma vez que este contempla tanto a universalidade da sexualidade infantil, através da universalidade do corpo erógeno, quanto o reconhecimento de que este corpo é construído a partir de uma estimulação ou uma demarcação externa propiciada por um outro, de subjetividades.

Esta concepção de corpo erógeno é um instrumento para pensarmos o seio como órgão que agrega subjetividades importantes na sexualidade da mulher como convoca o corpo relacional a se manifestar. A relação da mulher com seu próprio corpo, com o corpo do outro, com a alteridade são aspectos que estão dinamicamente vivos e ativamente presentes na experiência da perda parcial ou total do seio.

Serge Leclaire, partindo de Freud, trabalha a questão do corpo erógeno. Ele afirma que o corpo erógeno deve ser concebido a partir de sua superfície, e seus pontos devem estar referidos como figurando no interior do corpo de forma que, em qualquer ponto da superfície, duas ordens possam ser distinguidas:

> *"Por um lado, qualquer ponto da superfície do corpo entra em um conjunto orgânico, mesmo que se trate de um ponto da pele, mesmo que se trate de uma célula, pois fazem parte de um conjunto orgânico e se inserem em uma determinada ordem, que chamei de ordem biológica. Porém, a partir dos dados mais fundamentais da obra freudiana, insisti paralelamente no fato de que qualquer ponto da superfície do corpo pode originar uma excitação de tipo sexual, ou seja, transformar-se virtualmente em uma zona erógena".*[43]

Isto significa que uma cirurgia, independentemente do órgão em questão, irá, a partir do corpo orgânico, despertar o corpo erógeno, o corpo pulsional e o corpo relacional. O que nos induziu a pensar que o corte cirúrgico é também um corte no "si mesmo" do sujeito.

Por outro lado, continua Leclaire, há um conjunto homólogo ou acoplado ao corpo biológico, um conjunto verdadeiramente abstrato, em que consistiria o corpo erógeno:

> *"Ao contrário da idéia que se tem comumente da zona erógena enquanto uma porta que faz a comunicação entre o interior e o exterior do corpo, zona esta que então tornaria particularmente erogenizada, propus a concepção de que a zona erógena constitui de fato uma porta, uma abertura ao inconsciente, uma abertura estritamente equivalente em qualidade, na medida em que forneceria acesso a esta ordem que, tomada em seu limite, é a ordem do gozo, e não a ordem da sobrevivência. Em suma, neste conjunto em que consiste o corpo erógeno todos os pontos possuem a mesma função".*[44]

---

[43] LECLAIRE, S. *O corpo erógeno*. São Paulo, Escuta, 1992, p. 57.
[44] *Idem*, p. 59 – destaque meu.

Despertar o corpo erógeno pressupõe tocar nesta abertura ao inconsciente e permite pensar que experiências como esta, um acontecimento, possam ser facilitadoras na direção de produzir novas representações.

A sexualidade e o corpo relacional se constituíram a partir do corpo físico, orgânico; porém, alcançaram uma autonomia como realidade psíquica e se definiram como um sistema particular de registro. Além disso, a partir desta forma de constituição sugerida por Laclaire surgem duas questões relacionadas a este trabalho: em primeiro lugar, se é no seio que se apresenta o problema, o acesso estaria aberto para problemáticas registradas em qualquer outro ponto deste corpo, ou melhor, seja qual for o ponto da incisão cirúrgica, é como se fosse no corpo como um todo, embora a singularidade do seio, no caso, permaneça, em função de suas múltiplas significações, de ser uma parte do corpo de extrema sensibilidade, fundante da vida de relação do humano. Daí a idéia de uma incisão no si mesmo, no sujeito como um todo. A outra questão é derivada da primeira, no sentido de compreendermos melhor porque, ao tratar-se do diagnóstico específico, outras questões emergem no discurso da paciente, permitindo que surjam outras dores, talvez de uma mesma cadeia de sofrimento narcísico.

A Teoria da Libido e o Desejo Materno

A teoria da libido, derivada de Freud e ampliada e concluída por Abraham, tem uma proposta orgânica de correlação e colocação de cada quadro psicopatológico numa determinada etapa pulsional. Um exame crítico desta proposta nos levará a reconhecer aspectos que nos interessam.

O que caracteriza uma fase libidinal é um determinado modo de organização sexual que se organizaria em torno de dois eixos: o da primazia de uma zona erógena e o domínio de um certo tipo de atividade que se modelaria à relação amorosa. Emilce Bleichmar faz uma análise crítica deste sistema de idéias; a primazia não poderia ser vista dentro de uma cronologia histórica e relativa à maturação; a mudança de uma fase para outra não implicaria o desaparecimento da anterior, especialmente para a atividade oral.

Bleichmar, a partir da teorização lacaniana sobre a triangulação edípica, triangulação esta que já estaria presente no inconsciente materno no tempo da relação dual com o bebê, parte para uma outra concepção acerca da zona erógena. Acerca do desejo, considera que este não está determinado como algo em si prazeroso ou doloroso e tampouco despreza a disposição constitucional ao prazer de órgão assegurado pela filogenia, mas alerta para as modificações que este prazer de órgão pode sofrer a partir da erogeneidade da mãe, ou, melhor dizendo, das significações do código materno.

Diz Bleichmar:

> *"o que nos permite delimitar esse gozo do órgão e a constituição, então, de uma zona erógena, senão que parece ser um fator essencial que outro – a mãe – projete um valor sexual no lugar da satisfação da necessidade. Que para os olhos de outro – o que alimenta – o apaziguamento da necessidade seja visto como um gozo, parece que só assim se completa o valor erógeno que se inscreve na mucosa do bebê, valor erógeno que não depende da quantidade de leite nem da temperatura do mesmo, quer dizer, do seio em si, senão que depende do* ***desejo materno.*** *Ou seja, que a erogeneidade materna não deve ser entendida como algo que aflore à mãe pelos órgãos sexuais – o seio ou a pele –, de fato é esse o complexo conjunto dos braços que embalam, a voz que murmura, o embalo, os olhos que olham. A erogeneidade deve ser entendida como um aspecto que pode estar presente ou ausente, a partir da significação total que esse filho tenha para essa mãe".*[45] Sendo assim, temos que a erogeneidade depende do fator biologicamente determinado em certas zonas do corpo (prazer de órgão), porém, a inscrição materna é dada pelo acréscimo de prazer que carrega a zona pelo gozo do outro. O investimento materno é determinante.

[45] Bleichmar, H. *Depressão,* São Paulo, Porto Alegre, Ed. Artes Médicas, 1983, p. 115.

Sobre o desejo materno, Bleichmar afirma que:

> *"Este segundo acréscimo já não depende da biologia, mas a sua ausência pode modificar a biologia de tal modo que o prazer de órgão não se constitua, e já vimos como este segundo acréscimo era condição do complexo universo de significações na mãe, que, à maneira de um código, emprestará sua marca de prazer ou de dor à zona".*[46]

Isso tem conseqüências clínicas.

A erogeneidade que será constituída no bebê, através da mãe, passa pelo desejo desta. Tanto que pode não acontecer. Vejamos como Bleichmar articula de forma bastante radical a questão da erogeneidade e o desejo materno:

> *"Se o filho lhe outorga um valor pelo qual cumpre uma meta de seu ideal de ego, ou porque deste modo é mais estimada, ou mais querida por seu ambiente significativo, se o filho equilibra seu casamento ou lhe ajuda a reter o seu marido, se o filho homem possibilita, por exemplo, ter acesso ao prêmio da fecundidade, este terá um valor fálico, o valor de preenchê-la em algo desejado. Porém, se, ao contrário, e radicalizando um tanto a oposição, a coarta em outras expectativas de vida, afasta-a de seu marido que ama, ou lhe acarreta a inveja de sua própria mãe ou a perda de seu trabalho, ou a converte em 'mãe solteira', a capacidade erógena desta mãe ficará seriamente comprometida, assim como o valor fálico do filho".*[47]

Considerando este a mais do desejo materno como o que instauraria a erogeneidade e não somente o contato da pele, tanto do seio para a mãe, quanto da mucosa da boca pra o bebê, sugere que a ausência de intimidade na relação com o próprio corpo está diretamente ligada à possibilidade ou às obstruções do investimento narcísico

---

[46] *Idem*, p. 115.
[47] *Idem*, p. 115.

que pôde ou não acontecer ou aconteceu de forma negativa, através do desejo materno. Se não houve o investimento narcísico ou se houve de forma hostil, seja pelo abandono sofrido pela mãe, pela vergonha ou desilusão, teremos comprometido o valor fálico da filha(o).

É isto que servirá de apoio para considerarmos, pelo menos em parte, nossa questão acerca da ausência de intimidade com o corpo. Esta fica circunscrita neste campo do *a mais do desejo materno,* o qual inscreve o prazer ou a dor à zona erógena.

Ao retomarmos uma observação da clínica, a de que somente depois de passar pela cirurgia é que podíamos ver a manifestação de dor e de sofrimento nas pacientes, já temos uma diferença do tempo em que escutou o diagnóstico para o tempo em que viveu no corpo a experiência da cirurgia. Em analogia com o pensamento de Bleichmar podemos pensar que da experiência do corpo se faz necessário *um a mais* de investimento narcísico, como um salto, em direção à possibilidade de resgatar-se, de ressignificar-se agregando a nova experiência.

A questão ainda se estende para considerarmos que as etapas do desenvolvimento, embora marcadas no físico do corpo, não garantem alterações na posição que a menina ocupa na relação com a mãe, igualmente na relação com seu corpo. De bebê a menina, depois a adolescência, o surgimento dos pêlos pubianos, a menstruação, assim como o desejo sexual, ou a maternidade, como experiência, não necessariamente alteram a imagem corporal de forma ativa, como define Dolto; uma mudança de posição acarretaria uma mudança na subjetividade tanto na relação com a mãe, quanto com o corpo, com a alteridade.

Afirma Bleichmar,

> *"o corpo não é gerador de significações, se, se insere e inscreve num mundo simbólico que o precede e o significa, se necessita a passagem por outro que lhe outorgue qualidades diferenciais, senão que se inclui numa diacronia que se estende na história do indivíduo e se alcança seu total sentido noutro momento que não é o da experiência".*[48]

[48] *Idem*, p. 118.

Encontramos esta alienação nas mulheres, em relação ao corpo, na clínica cotidiana. A afirmação de Bleichmar sugere que estas experiências estariam circunscritas num mundo simbólico que a precederam e a significaram.

Esperar-se uma posse, embora relativa, de si. Relativa porque estamos permanentemente diante de situações que exigem alterações nas representações, mas se faz necessário mantermos a idéia de que somos o mesmo. Trata-se de uma capacidade de integrar, reconhecer como próprios, seu corpo, seus pensamentos e seus afetos. Se esta mediação fracassa, por qualquer motivo, este fracasso se tornará um obstáculo para a autonomia, num gradiente de severidade. Uma mãe mortífera poderá produzir uma impossibilidade irrevogável de alcançar a autonomia. Este asseguramento que a mãe pode ou não permitir, definirá, segundo Joyce McDougall, a capacidade de deixar-se deslizar física e psiquicamente em direção tanto ao orgasmo quanto ao sono. Esta é a questão que proponho trabalhar.

A Relação Mãe-Filho como Paradigma Relacional

Como vimos, as fases libidinais não são caracterizadas pela cronologia, elas somam-se, deslocam-se; assim como a erogeneização pode ficar marcada dentro de amplas possibilidades, no limite, até pela ausência de erogeneidade. Como o início da vida é determinante de nossa história, a relação com a mãe toma um lugar fundamental. É uma matriz relacional que repetiremos, pois somos marcados por esta primeira relação. Quando uma paciente se encontra diante do diagnóstico do câncer, na perspectiva de perder o seio, evidentemente que se instaura uma situação de fragilidade, de uma busca regredida a dependência, o sentimento de impotência, tudo muito singularizado e diferente em relação a outros momentos da relação com o médico. O médico passa a ocupar um lugar, transferencial, que circunscreve uma relação em muito similar à que estabelecemos com a mãe, nos primórdios da vida. A semelhança das situações, embora haja diferenças, demanda a **mediação,** a qual fica especialmente indicada no que diz respeito ao desamparo que experimentamos, tanto ao nascer, quanto em muitos outros momentos da vida. Este é um deles. A tendência, que já mencionei anteriormente, à busca dos cuidados semelhantes aos primeiros tempos da vida, onde o bebê ainda não se diferenciou do mundo externo, em situações-limite, de crise, evidentemente estará presente.

O que significaria, portanto, pensar estas consultas médicas às quais me referi anteriormente, de um outro jeito. Quero dizer que escutar do médico algo como: você está com câncer, vamos operá-la, faça estes exames, interne-se dia tal, de forma mecânica e sem nenhuma **mediação,** é muito diferente de escutar, por exemplo, estamos diante de uma *má* notícia. Você está com câncer e isto é algo muito difícil de passar. Mas estou aqui para ajudá-la, apoiá-la. Vamos precisar operar... O que quero pontuar aqui é a importância que tem os médicos darem sustentação à relação transferencial que se estabelece, independentemente de seu saber, na relação com suas pacientes. Tampouco sugiro que médicos se transformem em psicanalistas. Mas cuidar destes aspectos pontuais demanda muito pouco do médico, desde que ele possa ter acesso a este saber fazer, que não é técnico, mas humano. Basta rever as entrevistas para acrescentar concretamente, na relação médico paciente, ao que aqui me refiro.

O sentido é que se o médico pudesse adjetivar de alguma forma sua fala, saindo da pseudoneutralidade, que agora podemos nos assegurar tratar-se da negação como mecanismo de defesa, do vazio de linguagem que isto produz, mediando seu discurso e o da paciente, o que possibilitaria novos espaços para a manifestação dos medos e da dor. Se o médico pode reconhecer-se também submetido à dor e aos medos, próprios de qualquer ser humano, seria muito menos dolorosa a experiência da paciente e do médico. A pseudoneutralidade e o tom burocrático da fala do médico obstaculizam a circulação de afetos.

Lembram, por exemplo, uma mãe que investe na dor e no desamparo como única possibilidade, que trata o corpo da criança como destinado à dor e à mutilação, de forma neutra e ausente, sem mediação alguma.

A inscrição materna é que dá a significação, porém, esta é uma parte da verdade; a outra é um dado de realidade: existe um corpo no qual a mãe debruçará suas significações, ainda que seja daquele filho(a), naquele momento histórico de sua vida, aspecto da mãe enquanto sujeito – porém será num outro corpo – ora objeto – onde se darão as inscrições. Este corpo, de objeto, passará a sujeito. Este paradigma relacional, entre mãe e filho(a), serve para pensar a relação médico-paciente.

Uma Vinheta Clínica

Ilustrarei com uma vinheta clínica alguns destes pontos tratados até aqui.

Maria Antonia, com cinqüenta e poucos anos, veio para uma consulta acompanhada da filha, já adulta. Já na sala de espera assinalava seus temores com lágrimas nos olhos. Diante disto, ouviu de seu médico: "Se você chorar eu não te opero". Na sala de consulta, Antonia é comunicada sobre seu tipo de câncer, a cirurgia pela qual iria passar e a data de realização da mesma. Imediatamente, deixa ver em seu rosto o choro. Ao se dar conta, o médico diz: "Não precisa chorar que está tudo bem". Ela responde: "Vou sair limpa desta" e "engole" o choro. Ao final da consulta, falando de como será a vida após a cirurgia, faz uma pergunta: "Como será com meu marido?", e o médico responde que ela só não poderia se cortar, nem se machucar. Então ela pergunta: "E o peso? Os inchaços?" Fica sem resposta. Em seguida, vem um comentário da filha: "É, da outra vez eu disse que ela não poderia mais cuidar dele, mas não adiantou nada". Saem as duas, mãe e filha, e esta última, sem fazer qualquer comentário, como se estivesse absorta ou indiferente em seus pensamentos.

O médico, que havia solicitado acompanhamento para esta paciente, pergunta, em dúvida, se havia necessidade de uma outra consulta antes da cirurgia. Sugiro que perguntemos à paciente. Antonia não foi consultada sobre sua vontade de fazer uma cirurgia plástica. Ela foi comunicada acerca da plástica, mas tive a impressão de que ela nem ouviu, não se deu conta do que lhe foi comunicado. Não era uma reconstrução mamária. Ela passaria pela quadrantectomia e o médico faria uma diminuição da mama sã. Uma cirurgia com função estética. Fiquei sabendo, posteriormente, que a questão em relação ao marido, que ela perguntou na consulta, era a seguinte: o marido é paraplégico há 22 anos e Antonia é quem cuidava integralmente de suas necessidades, desde a locomoção da cama para a cadeira de rodas, até banhos, passeios, higiene etc. Esta era sua preocupação.

Nas sessões seguintes, sozinha com a analista, Antonia conta que tem um casal de filhos adultos. Não tem vida sexual ativa há 22 anos. Vendia cosméticos para as pessoas que trabalham no hospital onde foi operada. Diz conhecer todo mundo. Ao terceiro dia de sua convalescença, conta que estava com diarréia e sugere que ficou nervosa por conta de um conflito. Sua cunhada estava questionando um presente que havia dado para o filho – uma passagem para ele e sua mulher passarem a lua-de-mel no exterior. Quer pagar o presente. Acha que é legítimo querer dar o presente para o filho. A cunhada acha que ela devia pedir ajuda para os filhos. Sobre seu trabalho, diz que é o modo que encontrou de esquecer da vida (teria então, com isso, se desligado de seu corpo?): "Quando trabalho, esqueço meus problemas – deixo-os lá fora" (sic). Nesta sessão, ainda, conta das dificuldades da filha para se casar. Diz que a filha teve muitos problemas, pois se separou do noivo às vésperas do casamento. Descobriu que ele tinha outra. A filha sofreu muito. Acabou se envolvendo com um homem casado. Tudo escondido do pai, pois este ficou muito bravo ao receber em casa, telefonemas da esposa deste homem, chamando sua filha de vagabunda. Com o tempo as coisas se acomodaram e hoje a filha vive com ele. O irmão que casou não ia convidá-la. De última hora o fez e o pai consentiu. No final da sessão, Antonia se lembra, após poder contar tudo que antecedia a diarréia: "Ah! A senhora me pediu para eu contar os sonhos. Tenho um que tem se repetido por vezes".

Antonia seguiu durante um período com sessões uma vez por semana. De sua história pôde contar que o pai era bicheiro e a mãe o atendia o tempo todo. Ele recebia muitas pessoas em casa. Para que sua mãe pudesse contar com alguém nos afazeres da casa, Antonia parou de estudar. Foi se dando conta de questões pontuais: ao contrário do que pensava, ela não era insubstituível, tanto em relação à mãe quanto em relação ao marido. O marido estava se virando. Sobre a mãe, lamenta o equívoco. Diz que está (in)diferente em relação a tudo. (Portanto, não só lamenta, organiza-se na indiferença. Não seria a indiferença em relação a si mesma, ao longo da vida, que surge neste momento?) Diz que deixou uma barata morta num quarto durante dias (riu muito sobre isso, diz que nunca aconteceu). O riso dá um sentido que é até poder se divertir fazendo algo novo e criativo! Mas diz mais do que isto: acha que tem muita sujeira dentro dela, mas que vai sair desta. No final conta um sonho: diz que veio um garçom com uma bandeja cheia de copos de cerveja. Pediu para que ela a segurasse e ela derrubou tudo no chão. Em seguida, diz que pensou, no sonho: "Tenho que contar para a Rubia que eu não estou conseguindo segurar nem a bandeja!" Digo que foi disto que ela falou todo o tempo. De sua vida como mulher-bandeja. Deu muita risada. Um aspecto da negação aparece nesta sessão quando Antonia diz que não pensa no câncer, pois resolveu acatar a sugestão de que foi um resfriado que passou, idéia que lhe foi sugerida por uma médica da radioterapia e que ela achou interessante. Voltaremos à questão da negação.

Um tempo depois, Antonia vem para uma outra sessão e me pergunta o que eu acho sobre uma situação determinada que ela está passando. Seu vizinho sempre a olhou muito, mas ela sempre teve muito medo e preconceito em relação a qualquer movimento seu que pudesse indicar interesse por outro homem. Diz que anda repensando isso, pois ele é muito simpático e gentil com ela. Voltou a trabalhar e decidiu colocar uma empregada para os serviços domésticos.

O caso de Antonia é exemplar, uma vez que, neste momento da cirurgia, podendo usufruir um espaço de escuta, não é no acontecimento exatamente que ela investe. Conta sua história de 20 anos de homeostase *libidinal*, de indiferença em relação às demandas de seu próprio corpo (como a necessidade de perder peso, de sexo) e a seus desejos (como dançar, flertar com o vizinho, etc.), como se, em todos estes anos de sua vida tivesse ficado como "bandeja", esta que caiu e que servia a todos menos a si ou ela representada pela barata morta há muito tempo.

No sonho ela derruba a bandeja com os copos. Há uma quebra neste movimento paralisante que vinha se mantendo de forma muda e sinistra. Podemos dizer que isto é uma *ruptura de campo*, produzida por este poucos encontros com a paciente. Desatar algum nó permitiu que ela ao menos tivesse condições de pensar em si mesma e em sua vida, sonhar, desejar. É claro que estas intervenções pontuais não substituem a análise, e tampouco a almejam. Porém, a experiência contundente parece propiciar alguma reorganização psíquica, já latente na busca de sentido antes do acontecimento. Neste sentido, a erupção abrupta da doença se dá como um corte intenso na vida da paciente, já constituída por uma história.

Esta pequena vinheta clínica indica, a meu ver, a alienação em relação ao próprio corpo que consegui nomear através deste trabalho. O desejo de esquecer-se de si, de um corpo que não se altera pelo desejo, ao contrário, parece estar separado, desligado dele, como uma barata morta. O acontecimento no corpo sugere que este promove ao menos uma "pressão" muito intensa, que, se puder ser atendida, convoca o corpo/sujeito à produção psíquica. Além do que, nosso destino está atrelado a representações superegóicas e este pode ser mais um fator importante para alavancar a produção psíquica, isto é, nestes momentos acontecimentais há uma tendência de afrouxamento do superego, um facilitador, digamos, que pode permitir surgirem no discurso problemáticas em busca de sentido, não sem a mediação, repito.

Ainda pensando o caso de Antonia, podemos nos deter um pouco na questão transferencial. Ferenczi define a transferência como um caso particular da introjeção, e ressalta o movimento de inclusão dos objetos no eu, movimento que se opera através da sexualidade. Estamos novamente diante de uma teoria, adaptada *a posteriori,* para atender uma demanda encontrada **na clínica** e que nos permite articular a questão da mediação.

A idéia de Ferenczi acerca da introjeção dos objetos através da sexualidade acontece através de uma extensão dos interesses, originalmente auto-eróticos, ao mundo exterior, à realidade; consiste em transformar em objeto o auto-erotismo já vivido, mas ainda presente na memória corporal. Isto significa que algo pode estar presente na memória corporal e não ter alcançado o estatuto de objeto, o que dependerá da possibilidade de introjetá-lo.

Sobre a introjeção, Renato Mezan esclarece:

> *"A novidade em relação às teses de Freud consiste na ênfase mais intensa na descrição do processo de objetalização (as fases do sentido de realidade, e logo mais a elaborada análise do símbolo). Ênfase esta que, se meu argumento estiver correto, se apóia no estudo detalhado das formas pelas quais o analista se torna objeto das pulsões do paciente no transcorrer do trabalho analítico. (...) Podemos perceber isto sob um outro aspecto: a noção de introjeção, apesar do uso analítico tê-la convertido em sinônimo de incorporação, na verdade se opõe a esta última. Na incorporação, a condição fundamental é a perda do objeto; ela vem compensar, por um mecanismo de interiorização, esta perda sentida como intolerável, através da construção no ego de um verdadeiro monumento ao objeto perdido ('Luto e melancolia'). Ora, como observa agudamente Maria Torok, a introjeção pressupõe a presença do objeto a ser introjetado, e se interrompe quando este vem a faltar."*

Isto porque a

> *"introjeção procura introduzir no ego, ampliando-o e enriquecendo-o, a libido anônima, inconsciente ou recalcada. Assim, não é tanto o objeto que se trata de introjetar, mas o conjunto de pulsões e de suas vicissitudes, das quais o objeto é a ocasião e o mediador"*[49].

Fica evidente a importância do mediador na relação transferencial. Não se trata de induzir nem de convencer a paciente de nada. O cerne da questão me parece o objeto da transferência poder acolher, conter a desorganização que pode aparecer. Há que se pensar na possibilidade de uma experiência desta ter como destino os efeitos da incorporação, isto é, construir um monumento ao objeto perdido e se organizar defensivamente ao modo melancólico.

Em 1932, nas *Novas Conferências Introdutórias sobre a Psicanálise*, Freud exemplificou, através da embriologia dos peixes, a compulsão à repetição. A crítica é de que o conservadorismo da pulsão, o caráter repetitivo que a caracteriza, não precisa de uma sustentação biológica, uma vez que o que a sustenta é a busca insistente e nunca encontrada da satisfação pulsional. No caso de Antonieta, podemos supor que o caráter repetitivo, da manutenção do estado de coisas em que se encontrava, tinha sustentação na satisfação pulsional nunca encontrada, quebrada pela ruptura deste campo. Esta satisfação nunca encontrada está indicada nestes anos todos de estase *libidinal* em relação a si mesma, sugerindo que a paciente investiu sua libido no outro, tratou de sua vida como um suporte, uma bandeja para o outro, assim foi com sua mãe, com o marido, com o pai, os filhos.

O que sugeri é que o acontecimento da doença possa ter servido como um corte que permitiu resgatar a moção da libido quando esta se rompe da forma de estase, deixando surgir algo que não havia ascendido a uma representação.

---

49 MEZAN, R., "Do auto-erotismo ao objeto: a simbolização segundo Ferenczi", in: *Percurso - Revista de Psicanálise*, ano VI, nº 10, 1993, p. 26.

A Negação como Defesa

Por vezes, o câncer de mama é diagnosticado precocemente, antes do aparecimento de sintomas. E é assim, de modo geral, que estas pacientes vão para a cirurgia. Este é mais um elemento que marca a força do acontecimento. Da noite para o dia, a paciente toma conhecimento de algo importante e grave que se passa com seu corpo, mas ao mesmo tempo não sente alterações como dor, por exemplo. Este tempo, entre o diagnóstico e a cirurgia, foi um período que, no início do trabalho, trouxe-me inúmeros questionamentos, pois não havia uma reação que condissesse com o fato externo – o diagnóstico. Mas sublinharei neste ponto do trabalho a questão da alienação. Em particular o fato de o acontecimento no corpo, além de outras propriedades já mencionadas, produzir um choque nestes corpos alienados de si, do que seria a organização mental referente ao corpo. O ego é quem vive as ameaças, mesmo se tratando de um dado de realidade, qual seja, a doença já está no corpo, isto é o que o médico a comunica. Diante deste comunicado observei uma espécie de *estado de estranhamento* entre o que ouviu e o que ainda não sentia como doença, deixando a impressão clara da dificuldade de se reconhecer imediatamente doente. Por um lado, podemos pensar este ponto como uma característica inerente ao processo da percepção. Por outro lado, ao tomar conhecimento de algo grave, que está acontecendo em seu corpo, era de se esperar alguma alteração. Esse estado de estranhamento sugere um sinal de defesa pela via da negação, já que acaba de ouvir que está com câncer e sofrerá uma cirurgia mutiladora, tratamentos adjuvantes etc., a negação é um mecanismo muito eficiente para estas situações, parece-me importante nos determos sobre ela.

É de propriedade do médico o saber que diz sobre algo estranho e perigoso que se alojou no corpo da paciente. A doença está no corpo, mas não é possível percebê-la, ainda que sua presença seja fato para o corpo orgânico. Há um câncer no campo do corpo, campo este, que também contempla o(s) Eu(s). O câncer é um inimigo que tende a levar este corpo à morte, mas também ameaça o Eu de perdas que não podemos imaginar, talvez cada um possa saber. Como conversar com esta dor? Dor curiosa, pois o câncer é uma doença auto-imune, o que significa uma reação das células contra o próprio tecido. Algo dentro do corpo que age contra os tecidos mas contra o **si mesmo** também, uma representação possível. Não deixa de ser uma máxima da fragilidade e da impotência. Ao mesmo tempo o câncer em si só pode ser retirado pelo médico, ponto em direção à intensidade transferencial a qual já me referi; tal qual a situação do bebê que depende de sua mãe para sobreviver. A paciente está com sua vida, como nos primórdios, na mão de um outro, o médico. O mediador lhe permitiria sentir-se segura destes cuidados objetivos e incluiria o acolhimento das ameaças do Eu. Esta composição de cuidados poderia, ao meu ver, permitir que a paciente pudesse receber o diagnóstico e, gradativamente, apropriar-se de sua nova realidade, uma vez que estes processos não ocorrem ao modo de funcionamento primário. A partir do diagnóstico, um perseguidor temido, que já a habitava, passa a co-habitar. Ainda assim, ela será obrigada a investir neste perseguidor de seu corpo, o qual, nas palavras de Piera Aulagnier, está

> *"condenado para e pela vida a uma colocação em pensamento e em sentido de seu próprio espaço corporal, dos objetos-alvo de seus desejos, dessa realidade com a qual você deverá co-habitar, cuja permanência é assegurada pelos suportes privilegiados de seus investimentos, aconteça o que acontecer".*[50]

É neste sentido que a negação é uma defesa inteligente e fundamental para tais circunstâncias. É no artigo sobre a negação[51] (1925) que Freud trabalha o conceito de pulsão de morte de forma mais rica. A negação do recalcado é a separação entre idéia e afeto. Freud estabelece a idéia de um dentro e um fora a partir do juízo que impugna

[50] AULAGNIER, P. *Um intérprete em busca de sentido I*. São Paulo, Escuta, 1990, p. 281.
[51] FREUD, S. "A Negativa" (1925), *ESB*.

a existência de uma representação na realidade. O *ego prazer originário* fica com o bom e expulsa o mal criando uma divisão entre o ego e o não-ego. Por outro lado, o juízo também recai sobre a existência real de uma coisa do mundo externo representada. Este é um interesse do ego-realidade. A negação é uma defesa importante, uma vez que permite, através do juízo que impugna, o advento de uma representação. Como vimos, por outro lado, a melancolia pode ser um destino para esta experiência e a recusa, outro.

A ênfase que estou dando para a defesa na forma de negação se justifica pelo fato de que o que foi expulso poderá fusionar-se com as pulsões de vida. Assim nos lembra Liana Bastos:

"A expulsão e a inclusão no ego dos objetos constituem o processo de juízo, ao mesmo tempo que constituem o próprio ego. A expulsão é o próton da negação, aquilo que, primeiramente, marca a diferença criando o ego e o não-ego. A introjeção corresponde a uma afirmação, é o retorno da pulsão (retorno sobre a própria pessoa) que permite a representação (do objeto)... Há, portanto, na expulsão, uma fusão pulsional. Sem essa primeira expulsão, não há possibilidade de representação. É preciso que haja uma expulsão, seguida da inclusão no ego dos objetos (mediante sua representação) para que possa se dar o recalque. A denegação (Verneinung) é o cancelamento parcial do recalque, um modo de se tomar conhecimento intelectual do recalcado sem desfazê-lo em sua essência. (...) Negar não é uma ação de destruir; é uma evidência da pulsão de destruição. A criação do símbolo de negação permite, assim, que se possa tomar conhecimento do recalcado mediante este 'artifício': admitir o recalcado na consciência desde que precedido do 'não', símbolo da negação. (...) A função do juízo só é possível graças à negação que possibilita um certo grau de independência do recalque e de suas conseqüências, limitando o reinado do princípio do prazer".[52]

[52] BASTOS, L. A. M., *Eu-corpando – O Ego e o corpo em Freud*. São Paulo, Escuta, 1998, p. 128.

É isto que aparece na clínica, como veremos adiante. E é isso que indica a possibilidade de representar um acontecimento, ao contrário de pensar que o traumático não é passível de representação.

O eu condenado a viver em seu espaço corporal precisa usar de todos os seus recursos para construir pensamento, produzir sentido em relação ao que se passa no espaço corporal, e para isto a função da negação é determinante. O impasse na vivência destas pacientes se estabelece desde o momento do diagnóstico até a cirurgia, seguindo por longo tempo. Um dos sinais são as afirmativas veementes, como por exemplo: "Vou sair limpa dessa, com certeza" – limpa, ou seja, como se não tivesse entrado, ação da negação. Ninguém "sai dessa" ileso, é óbvio. Porém, a negação se faz necessária até para que se possa dar conta da vivência, sobretudo da realidade, uma vez que se manter consciente todo o tempo é impossível e insuportável. Isto vale também para os familiares. A negação é um modo de produção de pensamentos, ainda que para tanto seja necessário negar uma parte da verdade. O sentido não está garantido, e é disto que me ocupo, uma vez que para garanti-lo outras condições são necessárias, além dos recursos singulares de cada um. "Por que eu? O que fiz de errado?" são perguntas presentes no pensamento destas pacientes, nestas que atendi sem exceção; trata-se de um recurso que sugere a busca de um perseguidor contra o risco de sucumbir às forças superegóicas.

Piera Aulagnier contribui quando afirma:

> *"A realidade do corpo – realidade anatômica, realidade das doenças, realidade de envelhecimento, do desgaste – impõe, tanto senão mais que a realidade social, compromissos, renúncias, lutos sempre repetidos, sempre por serem re-superados".* [53]

Para tanto, o eu deverá preservar um *quantum* de investimento neste corpo, ainda que a realidade vivida e escutada (na questão do

[53] AULAGNIER, P., *op. cit.*, p. 80.

diagnóstico) não esteja em conformidade com a representação que ele almejava se dar dela. Por isso me parece de suma importância o direito da paciente de construir o romance de sua doença, buscando a produção de sentidos, e para isso poder fazer uso de sua história passada, como o que encontrei na clínica com estas pacientes. As temáticas de suas falas são de um passado remoto, muitas vezes associadas à relação materna, referidas a experiências muito longínquas.

Piera Aulagnier corrobora minhas descobertas ao afirmar que:

> *"É por isso que a doença orgânica tem e deve preservar o poder de reativar no sujeito essas fantasias pelas quais o primário forja sua representação daquilo que ocorre em seu corpo, do risco de morte que pode habitá-lo, dos sofrimentos e limites que um 'desejo' lhe impõe. Conjunto de representações fantasísticas que repete, como dissemos, as encenações dessas vivências arcaicas nas quais a psique emprestava do corpo os materiais capazes de lhe permitir representar-se seu próprio estado de abandono, de sofrimento, de ódio, de prazer, de completude. Uma tal reativação não tem só efeitos negativos. Dota-se a vivência do doente de um a-mais de angústia, se o sobrecarrega com essa coloração depressiva ou persecutória freqüentemente presente, se exacerba o estado de dependência e os sentimentos de reivindicação, permite também uma mobilização das defesas psíquicas às quais o sujeito fará apelo para se defender contra essa vivência fantasística. É banal constatar que um risco real de morte freqüentemente faz o sujeito descobrir seu apego à vida, que face à pressão das pulsões de morte, Eros pode se descobrir capaz de uma combatividade e de uma astúcia, insuspeitas pelo próprio sujeito. Para combater um perigo, é preciso ainda que se reconheça sua presença, e, para isso, é preciso reconhecer que possa existir psiquicamente".*[54]

[54] *Idem*, p. 307.

Observações Finais

Alguns pontos merecem ser destacados para finalizar. Em primeiro lugar, é importante que fique claro que a dissociação entre corpo e mente, legado da filosofia cartesiana, é arbitrária e perigosa se tomada como verdade absoluta pelos analistas, uma vez que pode obnubilar nossa escuta, nossa percepção, e com isto distorcer o fazer clínico. Em segundo lugar, e por conseqüência, corpo e mente são matrizes da constituição do sujeito, e, portanto, indissociáveis. Podemos pensar que há esta ligação mediada, não apenas pelas pulsões, mas também pelas relações que se estabelecem entre o par indivisível corpo-mente. Em terceiro lugar, reconhecemos, uma vez que todos podemos nos identificar, que há uma linguagem corporal. Importantes experiências emocionais de nossas vidas são referidas por termos "enraizados" em metáforas sensoriais: trememos de medo, somos esmagados pela tristeza, sobrecarregados de cuidados, sufocados de raiva; nossos corações batem com prazer ou são transpassados pela dor. Um afeto nunca é puramente psíquico nem puramente somático. Além disso, ainda temos na memória corporal a lembrança de cheiros, de vozes, do tato, do calor do corpo do outro. Também manifestamos emoções, através de expressões como o rubor nas faces, dos sinais do rosto que falam da indignação, da dor, da preocupação, da raiva ou ainda de nossa timidez quando não sabemos onde colocar as mãos, ou nos desorganizamos no nosso jeito de andar. Expressamos, através de nosso olhar desconfiado ou de muita confiança, ou ainda pelo choro, nossos sustos, nossas frustrações. De forma que a linguagem corporal é rica e cheia de sentidos e cabe aos analistas considerar. Destes gestos, o que podemos dizer é que, no mínimo, são verdadeiros, uma vez que o corpo retém em sua memória a primeira linguagem, a materna, exercida e aprendida pelo contato direto, corpo a corpo. Esta primeira linguagem vem associada aos símbolos verbais e a uma outra linguagem, que também está sendo transmitida. A equiparação entre o sensorial e o verbal dá à linguagem do corpo a legitimidade da verdade, pois esta não pode mentir. Há no corpo uma memória inscrita pelas percepções.

Joyce MacDougall (2001) afirma que os significantes pré-verbais que fluem entre mãe e lactente e que dão uma contribuição fundamental para a estruturação do psiquismo, diferentemente do que afirma Freud em 1915, não estão submetidos ao recalque como um mecanismo psíquico que mantém, no inconsciente, representações ligadas a pulsões por meio dos pensamentos e das recordações verbais. Uma vez que as recordações pré-verbais não podem ser manejadas da mesma maneira, sua força dinâmica corre o risco perpétuo de encontrar saída pela repentina irrupção, sob forma de vivências alucinatórias ou de explosão somática. *"A natureza imediata da potência pré-verbal esquiva-se à percepção e a qualquer tentativa de apreender representações psíquicas de vivências afetivas altamente carregadas."*[55] Assim, podemos depreender a importância de se considerar pontualmente as pacientes no que falam, como gesticulam ou manisfestam no corpo, em sua singularidade. Se minha hipótese estiver correta, nestes momentos encontraríamos facilitadas as vias de acesso a estas inscrições, uma vez que um acontecimento vivido no corpo, como uma cirurgia deste porte, pode ser um disparador de outras experiências inscritas na memória do corpo. Além do mais, e associado a este aspecto, temos que, nestes momentos, o sujeito vive um processo regressivo em relação à sua própria identidade, perde sua identidade para *a posteriori* refazê-la.

Os aspectos mais especificamente ligados à perda do seio, com o aparato que por ora aqui reunimos, qual seja: o corpo da psicanálise não é o biológico, nem o somático, porém não é tampouco somente o corpo sexualizado ou imaginado. Temos um corpo pulsional perceptivo expressivo, um corpo-psique que estrutura o mundo ao percebê-lo e que solicita a geração de sentidos de inscrição carnal, isto é, simetricamente dotadas de corpo. O sujeito da psicanálise

[55] MCDOUGALL, J. *As Múltiplas Faces de Eros*. São Pulo, Martins Fontes, 2001, p. 171

não se reduz à idéia de que tem um corpo: ele é um corpo. Mas não é um corpo qualquer, ocupa vários espaços, talvez não tenhamos um corpo, mas vários, representados em campos diferentes, mas entrelaçados.

A Perda do Seio

Perder um seio ou ambos por causa de um câncer é um dado de realidade que vem se impondo às mulheres em número cada vez maior. O equívoco de que o auto-exame é uma das possibilidades preventivas vem gerando altos índices de mortalidade, segundo as pesquisas, dentre outras causas. A grande maioria das mulheres chega ao atendimento médico já com o(s) tumor(es) em grau muito avançado, diminuindo as possibilidades de cura. Na verdade, as entrevistas foram altamente esclarecedoras, pudemos compreender que o auto-exame não é o exame mais indicado para prevenção, e sim a mamografia. O primeiro mamógrafo foi trazido para o Brasil em 1972 pelo Prof. Dr. João Sampaio Góes Júnior e seu filho, o Prof. Dr. João Carlos Sampaio Góes, ambos do Instituto Brasileiro de Controle do Câncer. Isto trouxe como conseqüência o início de uma nova especialidade médica, a saber, a mastologia. Por razões que não me competem e tampouco tenho acesso, há muito poucos mastologistas no Brasil.

Ainda sobre os equívocos em relação à campanha para auto-exame, além de ser a mamografia o exame mais indicado, as mulheres não sabem fazer auto-exame e as campanhas não ensinam como fazer. Há ainda outros complicadores: o auto-exame permite, pelo toque, apenas a descoberta de tumores que já possuem entre 1,8 e 2,0 cm de dimensão, isto é, que já estão no limite dos tumores com bons prognósticos. Na grande maioria dos casos, tumores menores não são palpáveis. Já a mamografia pode identificar microcalcificações ainda com altíssima possibilidade de cura, além de assinalar mamas que têm maior probabilidade de desenvolver um câncer, o que permite, através de um controle constante, evitá-lo ou descobri-lo precocemente. Portanto, o auto-exame seria indicado somente para regiões do Brasil onde não há acesso à mamografia – Alto Xingu, Acre, por exemplo. Trata-se de um esclarecimento importante, pois ao invés de: "Faça o auto-exame", deveríamos escutar: "Faça uma mamografia por ano, a partir dos 40 anos".

Partindo da objetividade do problema, ainda que o auto-exame não seja o mais indicado para a cura do câncer, a baixa adesão nos interessa sobremaneira, uma vez que indica outras questões que podemos considerar, especialmente em seus aspectos subjetivos. Uma primeira questão: haveria algo de impeditivo no contato com o seio, tão acessível, com o qual temos, do ponto de vista subjetivo, um laço constitutivo? Haveria aqui a presença de alguma inibição em relação ao toque? Esta pergunta foi constituída a partir dos seguintes dados: 1) estatísticas revelam que temos um baixo índice de adesão ao auto-exame; 2) podemos supor, pela alta incidência e pelo índice de mortalidade, especialmente no Brasil, que há uma dificuldade de introjetar, considerar seriamente este saber acerca do diagnóstico precoce como única forma de bom prognóstico, portanto, de suma importância; 3) na entrevista com o Prof. Dr. Thomaz Gollop, ao questionar se ele confirmava uma certa dificuldade das mulheres em relação ao toque, obtive a resposta de que tal dificuldade é extensiva ao corpo todo, isto é, envolve não apenas os seios, mas também os genitais. Neste sentido, parece-me importante pensarmos que tipo de relação as mulheres estabelecem ou não com seu corpo, em geral, e como lidam com o próprio corpo na experiência singular, antes e depois da perda da mama. Porém, como são muitos os aspectos concernentes à perda do seio, privilegiaremos uns mais que outros, de acordo com a problemática que se impõe através da experiência com estas pacientes.

O Seio na Psicanálise

Desde muito cedo, o seio aparece na obra freudiana ocupando o lugar central na primitiva experiência de satisfação do bebê, impulsionada por suas primeiras necessidades vitais. Essa experiência primitiva provocará no bebê, por um lado, tanto a alucinação quanto a busca da ação específica que leva à prova de realidade – experiências estas que são constituintes do desejo de viver. E, por outro lado, como mencionamos no capítulo sobre o corpo, levará à constituição da erogeneidade. O contato corporal do bebê com sua mãe, inicialmente, com o seio, ficará associado de forma irreversível à representação da satisfação e também da frustração. Daí que a representação do seio materno seja estabelecida como imagem mnemônica do objeto, que será reativada em qualquer estado de tensão ou de desejo (matriz da experiência alucinatória), sendo também uma das principais responsáveis pela orientação de uma ação específica (matriz da prova de realidade) visando a satisfação das necessidades do recém-nascido. Esta relação entre o bebê e o seio está no centro das articulações que conduzem Freud a enunciar de forma ainda rudimentar o estatuto das relações entre o sujeito psíquico e seus objetos de desejo, assim como o da prova de realidade: "ter" e "ser" nas crianças.

> "*As crianças gostam de expressar uma relação de objeto por uma identificação: 'Eu sou o objeto'. 'Ter' é o mais tardio dos dois; após a perda do objeto, ele recai para 'ser'. Exemplo: o seio. 'O seio é uma parte de mim, eu sou o seio.' Só mais tarde: 'Eu tenho' – isto é, 'eu não sou ele.'*"[56]

Este breve comentário de Freud nos permite repensar estes dois momentos – "o seio é uma parte de mim – eu sou o seio" e "eu tenho – eu não sou ele" – especialmente na vida das meninas, pois a passagem para o "eu tenho" se dará muito mais tarde e implica o reconhecimento

[56] FREUD, S. "Achados, Idéias, Problemas" (1941), *ESB*, p. 335.

da alteridade. Freud, se referir ao "eu tenho" – "eu não sou ele" fala de dois tempos de um processo inicial do desenvolvimento – eu e não eu. Quando eu assinalo o "eu não tenho", referido às meninas, falo do processo mais prolongado, num tempo longo, ao qual são submetidas até terem seu próprio seio. É um terceiro elemento.

A ausência do seio no corpo das meninas se dá por longo período, até o início da adolescência. Se o seio é um ideal identificatório feminino, ele será um dos lastros da constituição da sexualidade feminina e este processo passa, como já vimos, dentre outros fatores, principalmente pela relação entre mãe e filha. Rubens Volich discute a contradição acerca do seio na obra de Freud, objeto de estudo de seu doutorado. Para Volich o seio ficou num eclipse nas construções de Freud sobre a sexualidade feminina. Se o seio é o lastro da constituição do sujeito psíquico, o mesmo não ocupa um lugar significativo quanto à constituição da sexualidade da mulher. O seio é um órgão singularmente marcado por características singulares na vida da mulher adulta em relação a sua sexualidade, sua sensualidade, na maternidade, no todo da identidade feminina e objeto de desejo da menina. É um órgão sexual, de intenso investimento erógeno, além de suporte identificatório para a menina. Os aspectos mais importantes associados ao seio são tanto seu caráter sexual, quanto uma zona especialmente e sensível às carícias amorosas e ao prazer da amamentação.

Dentre muitas descobertas interessantes, Volich identifica-se com o pensamento de Lanouzière e a cita:

> *"(...) a idealização (do seio) se propaga a toda a pessoa da mãe em sua tripla função de sedução, de procriação e de criação de crianças. (...) considera que, quando da comparação com sua mãe, a percepção, pela menina, de sua privação de seios é uma experiência bem mais importante que a percepção de sua 'atrofia de pênis'. A constatação desta 'falha' primária é plena de conseqüências sobre seu desenvolvimento. Ela agrava 'seu desamparo e sua dependência de seus objetos', levando a menina a desenvolver mais rapidamente que os meninos um ego precoce, não como afirma Freud como conseqüência da atrofia do pênis, mas sim por causa*

da 'ausência de seios', uma de suas primeiras feridas narcísicas. A 'inveja dos seios' é um sentimento mais arcaico e profundo que a inveja do pênis. É por esta razão que, segundo Lanouzière, a elaboração da perda objetal por frustração é complicada na menina. A privação de seios é concebida no fantasma infantil[57] *como uma retaliação por parte de sua mãe, e vivida como uma 'privação de um objeto de direito'. Estes fatores favoreceriam as fixações orais, criando, entre outras, a predisposição às afecções depressivas, característica da personalidade feminina".*[58]

Avançando nas teorias depois de Freud, encontramos em Lacan a mãe que existe inicialmente na estruturação como agente, distinta do objeto de satisfação da criança.

Citando Lacan:

"Quando ela não responde mais, quando, de certa forma, só responde a seu critério, ela sai da estruturação, e torna-se real, isto é, torna-se uma potência. Isso, vamos observar, é também o início da estruturação de toda realidade posterior. Correlativamente, produz-se uma inversão da posição de objeto. Enquanto se trata de uma relação real, o seio – vamos tomá-lo como exemplo – pode ser considerado tão envolvente quanto se quiser. Em contrapartida, a partir do momento em que a mãe vira potência, e como tal, real, e que é dela que manifestadamente depende, para a criança, o acesso aos objetos, o que acontece? Estes objetos que eram, até então, pura e simplesmente, objetos de satisfação, tornam-se, por parte dessa potência, objetos de dom. (...) os objetos que a criança quer reter consigo não são mais tanto objetos de satisfação, e sim, a marca do valor dessa potência que pode não responder, e que é a potência da mãe. Em outras palavras, a posição se inverteu – a mãe se tornou real, e o objeto simbólico. O objeto vale como o testemunho do dom oriundo da potência materna."[59]

---

[57] O autor usa fantasma infantil aqui como o conceito de fantasia.

[58] VOLICH, "O eclipse do seio na obra freudiana", *Percurso – Revista de Psicanálise*, São Paulo: 1995, p. 62.

[59] LACAN, J., *O Seminário – A Relação de objeto*. Rio de Janeiro: Jorge Zahar Editor, 1995. p. 69.

A posição de Lacan a partir desta citação sugere um *a mais* na identificação da menina com a mãe. Esta passaria pelos objetos agregados com o valor do dom, a marca da potência materna. O seio seria um destes objetos com valor simbólico, representante do dom da potência materna e estará sempre presente ao longo do processo identificatório. Parece que Bleichmar trabalha a crítica sobre a constituição linear das zonas erógenas, referindo-se a Freud e Abraham, apoiada na tese de Lacan, especificamente neste *a mais* que viria da potência materna.

A realização do desejo de ter seus seios, para as meninas,dar-se-á na adolescência, período em que as manifestações da maturidade sexual são visíveis, em particular os seios nas meninas. Porém, até que este seio apareça, um longo período se passa durante o qual a menina fica carente de recursos para apoiar-se na sustentação da identificação, possivelmente deixando, segundo a articulação de Volich e Lanouzière, a marca de uma das primeiras feridas narcísicas das meninas, o que pode ser responsável por parte de sua hostilidade em relação à mãe, sentindo-se lesada em um atributo de direito, dentre outras motivações.

A propósito da ferida narcísica nas meninas, tomei a seguinte idéia de Lacan sobre a frustração, conceito que toma como centro ao tratar das relações primitivas da criança.

> *"A frustração, portanto, não é a recusa de um objeto de satisfação. Não é a isso que ela se liga. (...) Digamos que, originariamente, a frustração – não uma frustração qualquer, mas aquela que é utilizável em nossa dialética – só é pensável como a recusa do dom, na medida em que o dom é símbolo de amor. (...) O dom implica todo o ciclo de troca, onde o sujeito se introduz tão primitivamente quanto possam supor. Só existe dom porque existe uma imensa circulação de dons que recobre todo o conjunto intersubjetivo. O dom surge de um mais-além da relação objetal, já que ele supõe atrás de si toda a ordem da troca em que a criança ingressou, e só pode surgir deste mais-além com o caráter que o constitui como propriamente simbólico. Nada é dom se não for constituído pelo ato que, previamente, o anulou ou revogou. É*

> *sobre um fundo de revogação que o dom surge, é sobre este fundo, e como signo de amor, inicialmente anulado para ressurgir em seguida como pura presença, que o dom se dá ou não pelo apelo.'*'[60]

Chegar à identificação através do dom, este que implica todo o ciclo de troca, significa, em primeiro lugar, que isto não depende só da criança. Em segundo lugar, já não estamos mais pensando no objeto seio, mas na mãe real, na potência materna, no dom. Além disso, vimos como Joyce McDougall insiste que para a criança alcançar o desejo da autonomia corporal ela depende da autorização do desejo materno, isto é, desde que o inconsciente materno não ponha obstáculos ao desejo da criança na busca de sua autonomia corporal. Lacan diz que a frustração estaria circunscrita no campo do dom e seria uma recusa do dom, do símbolo de amor, mais além da relação de objeto. A potência materna contém a onipotência da mãe, o que significa que a relação mãe/filha está longe de ser harmônica.

Seguindo este pensamento, podemos fazer algumas considerações sobre um aspecto pontual que é a relação da menina, da mulher, com seu próprio corpo. Há na maternidade, como experiência, um momento importante deste processo identificatório da menina em relação à sua mãe como potência. Na maternidade, estariam presentes especificidades da condição de mulher. A menina estaria, em tese, terminando este processo. Nestas duas fases, a do aparecimento dos seios na adolescência, assim como a experiência da maternidade, nada há de significativo que sinalize uma referência ao mundo masculino. O que seria mais fundamental seriam as experiências pelas quais a mulher passa que permitiriam uma (re)significação de seu processo identificatório com a mãe. Na maternidade estariam presentes tanto a realização dos aspectos que terminariam o processo de "construção de um corpo feminino", como um "si mesmo" corporal, autônomo, uma conquista efetiva deste corpo próprio, ideal narcísico, desde sua mais tenra infância. A procriação é um registro que dá contornos à mulher,

[60] *Idem*, p. 185.

para além de sua genitália e de seus seios, próximo da potência materna, digamos. Estaria igualmente presente sua capacidade de seduzir um homem, assim como sua mãe o fez, a realização do prazer sexual associado à fecundidade, experimentar o prazer da amamentação, como também a questão da criação dos filhos. A criação de crianças de tão enraizada que está na cultura, pode por vezes obnubilar sua importância, com a entrada na pós-modernidade e produzir outro eclipse.

No entanto, a clínica não confirma este processo de forma linear ou causal, no sentido de que a experiência seria causa suficiente para o alcance da autonomia, deste "si mesmo corporal" da mulher em relação à alienação, vivida de forma submissa às primeiras inscrições maternas. Os investimentos maternos concernem tanto os investimentos narcísicos, referentes aos desejos positivos em relação ao filho, quanto os que se apóiam em eventuais lesões à onipotência vividas pela mãe. É absolutamente freqüente encontrarmos na clínica mulheres adultas às voltas com profundos conflitos em relação a seu corpo, ao medo da maternidade, à resistência de tomarem suas vidas para si na busca de realização de seus próprios desejos. Se isto não aparece explicitamente com o nome da mãe, aparece, deslocado, na relação com os maridos, com os filhos, com a profissão, com o mundo. Portanto, a experiência no corpo não é condição suficiente para a conquista da autonomia corporal da mulher, sendo necessário um a-mais da experiência, isto é, uma construção que busque alcançar a apropriação do seu corpo, sua autonomia corporal, representante simbólico de seu si mesmo, de sua própria vida, em que a mulher estaria "casada" com seus desejos, separando-se, discriminando-se do suposto desejo materno. Entendo autonomia corporal como análogo de uma autonomia nas relações consigo mesma e com o outro. Lacan ilumina a questão da onipotência materna ao afirmar:

> *"Estou dizendo a vocês que a mãe é primordialmente toda-poderosa, que não podemos eliminá-la dessa dialética, que esta é uma condição essencial para compreender o que quer que seja. (...) O fato*

> *de que todos os objetos fantasísticos primitivos se encontrem reunidos no imenso continente do corpo materno, podemos entrever agora como isso é possível. (...) Naturalmente ela (Melanie Klein) estava sonhando, e tinha razão em sonhar, pois este fato só é possível mediante uma projeção retroativa de toda a gama de objetos imaginários no seio do corpo materno. Eles estão mesmo ali, com efeito, já que a mãe constitui um campo virtual de aniquilação simbólica, do qual todos os objetos vindouros irão tirar, cada um por sua vez, seu valor simbólico. (...) E podemos dizer num certo sentido que, como tudo o mais, uma vez que estavam prontos a advir ali, um dia, eles já estavam ali. Neste ponto, a criança se encontra na presença da onipotência materna".*[61]

Podemos supor que vários seriam os caminhos para tomar posse de seu corpo e de seu si mesmo, desde a experiência mais simples como as experiências masturbatórias, na adolescência, ou sentir o olhar de alguém que a deseje, sentir as reações físicas que vêm através do corpo quando deseja alguém, provocando sensações novas da sexualidade da vida adulta. No entanto, a separação da menina em relação à potência da mãe real, às inscrições maternas, dependeria de várias operações como experimentar o novo, lidar com o que não está, buscando atribuir significação à ausência e às novas experiências. Um dos aspectos que impedem o acesso a estas experiências está na dificuldade de fazer acontecer a separação entre a filha e o lugar que esta ocupa diante do suposto desejo materno. Para a menina, está dado que haverá que lidar com a renúncia deste desejo. Evidentemente, estamos diante de uma complexidade tanto em relação à menina quanto à mãe. Esta renúncia será mais ou menos difícil, dependendo dos dois pólos – mãe e filha. A filha deverá desejar e para tanto renunciar. Da mãe, espera-se que também deseje outros amores e permita assim que a filha posssa mudar de posição e que a mãe possa

[61] *Idem*, p. 189.

viver sem o preenchimento imaginário que esta filha ilusoriamente daria, pois é a partir desta ausência de preenchimento que a menina poderá buscar a construção de significados que darão sustentação à sua identidade feminina. Se a mãe não pode ficar sem preenchimentos/ filhos, isto trará conseqüências que irão obstruir o desenvolvimento da menina em direção a sua autonomia corporal pessoal.

Seguindo na linha identificatória entre a filha e a mãe Lacan afirma:

> *"Acompanhando o texto de Freud, a identificação é uma função mais primitiva, mais fundamental, na medida em que ela comporta uma escolha de objeto, mas uma escolha de objeto que não deixa de ser forçosamente articulada de uma maneira muito problemática, pois a análise freudiana vai ligá-la profundamente ao narcisismo. (...) Mais vale nos reportarmos ao texto alemão: talvez uma outra distinção seja o essencial. No caso da identificação, o objeto foi perdido – uma referência a essa noção fundamental que se reencontra o tempo todo desde o início, a formação do objeto, tal como Freud a explica para nós, repousa sobre a noção fundamental da perda do objeto – ou abandonado. (...) Ele é, então, novamente reerigido no eu, e o eu se transforma parcialmente de acordo com o modelo do objeto perdido. No outro caso – o da* Verliebtheit *– o objeto é conservado,* erhalten geblieben, *e como tal ele é sobreinvestido, überbesetz, por parte do eu e às expensas deste".*[62]

Trata-se dos dois destinos diferentes, duas formas de identificação: numa delas ocorre a introjeção, o eu se enriquece com as qualidades do objeto; na outra, ele se empobrece,

> *"o sujeito se desposssui cada vez mais de tudo o que é de si mesmo, em completa sujeição ao objeto de seu investimento ao objeto amoroso. Este objeto, em cujo benefício ele se empobrece, é aquele mesmo que ele põe no lugar de seu elemento constituinte mais importante,* Bestandteil*".*[63]

[62] *Idem*, p. 175.
[63] *Idem*, p. 176.

O que vimos pontuando está ligado a esta segunda modalidade de identificação, de empobrecimento do eu por sujeição ao objeto de investimento, no caso o dom da potência materna. Seria a incorporação uma forma de recusa do dom?

Em muitos momentos da vida da mulher, o seio tem, além de alto valor narcísico e simbólico, um lugar organizador de experiências importantes, tanto da maternidade, quanto dos atributos do feminino, pensados através do acesso ao mundo adulto feminino. Os seios são instrumentos específicos do exercício do desejo feminino. Sobre isto, Volich, sugere que

> *"o seio nunca é considerado (...) como uma fonte pulsional em busca de seus próprios objetos: uma boca, uma mão, um olhar". Faz pensar nos seios como representantes do "dar" desligado do "receber".*

Os objetos altamente investidos na busca de realização de desejos, tanto estão dirigidos a uma boca, uma mão, o olhar de um homem, como também dar a seu bebê, suporte do (re)investimento de seu próprio narcisismo. Ressaltaria que, não só o seio, mas o corpo todo estaria posto à disposição desta busca de prazer, caso estivesse livre dos bloqueios que vimos afirmando.

De forma que o seio não deixa de ser um representante de todo o corpo da mulher, da mulher/mãe. Na nossa cultura, bem como na cultura judaica, só para citar exemplos, a mãe passa a ocupar um lugar altamente investido narcisicamente. É muito valorizada a dedicação desta para com seus filhos. A maternidade é uma experiência extensa, manifesta tanto no corpo, como nos investimentos em longuíssimo prazo em relação aos filhos. É freqüente mulheres se apresentarem destituídas de um certo grau de vaidade, de cuidados em relação ao corpo, voltados diretamente para sua imagem, muitas vezes existentes antes da gravidez. Como se seu corpo ficasse mais diretamente dirigido à renúncia em troca do que podem lhe dar os filhos, em sua fantasia. Isto pode ocorrer em função do grau de dependência e da extensão temporal que a criação de crianças demanda em nossa cultura, ao perfil neurótico da mãe, à experiências de perda por parte da mãe, e que podem sobrecarregar suas expectativas em relação aos filhos, à ausência paterna, só para citar alguns exemplos. O olhar, antes dirigido à sua própria imagem, recolhe-se para cumprir a função materna, olhar para seu bebê, abandonando sua imagem e (re)vendo-se através de seu bebê. Embevecida, usufrui deste prazer, mas pode haver perdas, como sugere Emilse Bleichmar, que são experimentadas como feridas narcísicas. E aqui nos deparamos com outro problema. Se a menina não renunciou, se por alguma razão não pôde separar-se de sua mãe, o ciclo pode ser contínuo. De mãe para filha, por várias gerações.

Na Adolescência Fica Mais Evidente!

Vou recorrer novamente a uma vinheta clínica para apreendermos o que sugerimos teoricamente. Lydia, uma adolescente com 15 anos, foi trazida para análise pela demanda de seu pai, que se queixava de que a filha andava com pessoas muito diferentes dela, incluindo seu namorado, no que se refere a condições socioeconômicas e culturais. Seu pai sentia-se atacado por suas atitudes, pois não condiziam com o que desejava para a filha. Mais grave e ponto nodal era sua escolha amorosa: seu namorado era bem mais velho que ela, sem gosto pelos estudos; parou de estudar no segundo grau, não se dedicava a nenhum trabalho, fumava maconha freqüentemente e apresentava um quadro depressivo. Um acontecimento o fez levá-la para a análise: a mãe de Lydia viajou com o atual marido, a filha mais nova e um filho pequeno, este do último casamento. Iriam ficar fora 20 dias. A mãe deixou Lydia na casa da avó, sem a chave do apartamento. Lydia tirou uma cópia da chave e usou o apartamento como dona da casa, transou, segundo a leitura do pai, precocemente, pois contava com 15 anos somente. O pai ficou muito assustado com o episódio e acrescentou que Lydia já havia namorado um jovem que roubava toca-fitas.

Esta análise tinha a marca de uma aridez intensa, sem substância, sem demanda por parte da menina. Até que, um dia, fui chamada ao telefone por seu pai, pois ela havia tentado jogar-se pela janela do oitavo andar, em função de sentir-se ameaçada pela separação proposta pelo namorado. O pai segurou-a, sentiu-se muito ameaçado e relatou que, se não tivesse tido tempo de segurá-la, ela teria caído. Tentamos fazer encaminhamentos suaves para evitar uma experiência mais violenta para ela, do tipo internação. Para tanto, a presença permanente dos pais foi solicitada, assim como a de uma psiquiatra, e fizemos algumas sessões a mais para dar sustentação ao processo. Os pais vinham separadamente, uma vez que são separados, e não gostavam da idéia de encontrar-se para as sessões. Numa destas entrevistas com a mãe, trabalhando o quanto ela "deixava" Lydia em seus próprios movimentos, quase sem intervenção nenhuma, nem quanto a horários, nem quanto a fazer as refeições em casa, dormir em casa, enfim, quanto a quaisquer regras. Sugeri que ela tentasse convidar a filha para seus passeios de fins de semana e férias, e, se fosse possível, dizer à filha que sua presença era importante e desejada. Chegamos neste ponto específico porque a mãe havia se casado pela segunda vez e a filha se relacionava muito mal com este segundo marido da mãe, havia um rechaço, de ambas as partes, bem importante. Então, qualquer programa feito pela família, esta filha ficava excluída, pois se negava a participar e sua mãe aceitava, para não viver o conflito diante da indisposição do marido, que também preferia a ausência de Lydia e da própria filha. Ao longo de um tempo, a menina praticamente vivia na casa do namorado, pois muitas vezes ficava sozinha em sua casa. Mesmo não estando sozinha em casa, permanecia muito mais tempo na casa do namorado. Esta era a rotina. Então aconteceu o episódio que relatei da tentativa de se jogar pela janela.

Num dos encontros com a mãe, quase ao final da sessão, ela comenta: "Não sei porque o pai dela acha tão ruim o tipo de pessoas com quem ela se relaciona. Afinal, quando casamos, ele nos largou lá naquele bairro de periferia e ela se acostumou a viver com estas pessoas" (sic). O interessante é que a mãe sempre viveu em bairro da zona sul da cidade, e separou-se do marido porque este trabalhava e estudava muito e ela ficava só com a filha, neste bairro de periferia. Sua fala manifestava claramente sua raiva e um sentimento de ter sido ferida narcisicamente, pelo abandono do marido, uma vez que ser mãe implicou-a num isolamento em relação ao marido, pois casaram-se enquanto ele estava estudando, por causa da gravidez, sendo obrigada a viver só para que ele continuasse os estudos. O "bairro" abominado, na verdade, foi o lugar de isolamento que lhe foi destinado ao casar-se para ter a filha. Sua vida pessoal foi profundamente marcada pela ausência do marido durante o casamento e finalmente pela separação do casal. Manifestava sua raiva, de forma dissimulada, em relação ao ex-marido, em função destes dois fatores: não ser atendida em sua demanda de proteção e de não ter acesso ao marido como pai de sua filha. Disse que passou a vida de casada com a filha, para cima e para baixo. Quando ele não estava trabalhando ou estudando, estava dormindo. Casou-se e sempre viveu só: ela e a filha. Não tem lembranças deste casamento. Negou-se a pagar a análise de Lydia, embora tivesse recursos.

Por outro lado, o pai de Lydia a acolheu neste período que se segue ao acontecimento. Cuidou de Lydia e aproximou-se da filha. Numa entrevista, deixou escapar suas queixas, de alguém que se sente lesado pelo altíssimo valor da pensão alimentícia e pelo mal uso desta, na compra de roupas e supérfluos. Também revelou sua mágoa em relação à ex-mulher por tê-lo abandonado, segundo seus sentimentos, por razões supérfluas, o que o feriu profundamente. Segundo seu relato, perdeu o chão, ao ser comunicado do desejo da ex-mulher de separar-se. Relatou que gostaria de mandar Lydia para os Estados Unidos para fazer um intercâmbio, mas que,

Lydia, sendo como é, não vale a pena o investimento. Mandará a outra filha menor, irmã de Lydia, quando chegar a hora certa. O pai também dirige uma retaliação a Lydia, esta que lembra tanto sua mãe. Sua mãe/esposa, que pediu a separação surpreendentemente e o deixou – e ele diz que até hoje não compreendeu o porquê.

Minha hipótese é de que Lydia vive, em parte, alienada nestas inscrições, no caso, lesões narcísicas vindas de sua mãe e de seu pai. Não conta com a interdição do pai e estaria submetida, na forma de aprisionamento, a este movimento inconsciente dos pais. A renúncia, para ela, estaria na ordem da recusa, não há uma sustentação que a permita questionar, viver o conflito entre ser como a mãe e, ao mesmo tempo, poder diferenciar-se, tomar-se para si. Por isso suas atuações sugerem uma ausência de sustentação narcísica sem nenhuma consciência. O corpo/si mesmo de Lydia permanece, em parte, à mercê destas lesões narcísicas da mãe, ativas na filha, representante da exclusão sofrida pela mãe através do marido que a abandona em seu desamparo e a desancora amorosamente. Longe de poder constituir-se e viver sua sexualidade dentro de seu próprio mundo adolescente, Lydia fica na posição de recusa em relação a seus próprios recursos. Mantém-se excluída de si mesma, da família, de seu meio social, e identificada com o mundo do desamparo. Seu gesto de tentar atirar-se pela janela sugere o pedido do olhar da mãe que confirme que ela é um ideal completo da mãe. A cena de atirar-se pela janela é a cena que tem dentro dela, de desancoragem narcísica, de uma imagem de Lydia que se pergunta: "Você me quer? Você me olha e sustenta o olhar?" Seu gesto é uma provocação narcísica dirigida aos pais. O grude com o namorado assinala a necessidade de que alguém dê sustentação à sua imagem, se não ela morre.

Esta ancoragem narcísica é a base de uma possibilidade futura de diferenciar-se da mãe. Neste sentido, McDougall é taxativa:

> *"E não poderíamos supor também que essa criança frágil, à espreita de uma imagem de si mesma duplicada, procura no espelho das águas*

um objeto perdido, diferente dela, um olhar? E que esse olhar é o mesmo que toda criança busca avidamente na mãe, reflexo destinado a devolver, não apenas a sua imagem especular, mas também tudo aquilo que ela representa para a mãe? Destarte, através de um olhar que fala, a criança poderá se reconhecer como sujeito com um lugar e um valor próprios. Mas, e se acontecer de o olhar materno velar-se, desviar-se para uma dor que exclui a criança? Neste caso, o olhar não reflete mais nada, tal um espelho sem aço. Pode também acontecer de a mãe procurar o seu próprio reflexo na criança, uma confirmação de sua própria existência. Se a auto-imagem, de natureza essencialmente narcísica, captada pela criança na aurora da vida psíquica for tíbia e fugidia, dará origem a um sentimento de integridade narcísica e de auto-estima na mesma proporção tíbio e fugidio".[64]

Na clínica, vamos nos dando conta da grande dificuldade das mulheres em relação à autonomia corporal, incluindo a dificuldade de reproduzir em seu próprio corpo o toque, o olhar, a curiosidade em relação a conhecer seu corpo. Também é importante lembrar o forte papel dos fatores culturais e religiosos que há muito exercem uma repressão moral sobre as mulheres. Mas isto seria tema para outro trabalho.

Temos o seio como representante simbólico da mãe real, do dom, o primeiro objeto de amor e de relação, constituído, como diz Freud, de forma fusional, permitindo que o bebê confunda-se com o seio para depois poder discriminar-se em "eu não sou ele". O seio é o objeto fundante do sujeito e de sua relação com o mundo externo e interno. A partir desta relação primeira com a mãe, a criança terá muitas oportunidades e situações para abrir uma gama de outras relações com o mundo, sempre tomando esta primeira como modelar para lidar com seus objetos internos e externos. Tomando a relação primeira com a mãe como matriz relacional, esta se reproduzirá em todas as outras relações, incluindo a relação com seu próprio corpo, com sua história, com o outro, etc.

[64] McDOUGALL, J. *Em defesa de uma certa anormalidade*. Porto Alegre, Artes Médicas, 1991, p. 116.

O processo identificatório está associado a um modelo de relação, aqui entre mãe e filha. Freud afirma que as crianças gostam de expressar uma relação de objeto com uma identificação. No caso das meninas, poderíamos pensar assim: "as meninas gostam de expressar uma identificação por uma relação de objeto". Por quê? A menina só terá seu ideal identificatório constituído, como vimos, através de um longo processo. O que cabe perfeitamente no exemplo do comentário de Freud, que até poderia ser outro, mas foi esse: "ter é o mais tardio dos dois" (entre ter e ser) – "o seio (de minha mãe) ainda é uma parte de mim", "eu não tenho o seio" – o que permite pensar: enquanto "eu não tenho o meu seio", "eu sou o seio de minha mãe, e este faz parte de mim". Mais tarde: "eu tenho – eu não sou ele", o que permite pensar: "eu tenho, eu abro mão "deste seio/minha mãe", porque posso "ter o meu" – "eu sou eu", agora inteira e de posse de meu corpo – construindo a partir daí representações sobre si, sobre seu próprio corpo, como mulher, através da experiência de conquista do seio, representante de um todo, potência do dom materno. Esta representação seio é uma conquista narcísica fundamental para a menina, durante tão longo período alienada no "eu sou ainda, em parte, minha mãe".

Esse modo de constituição do feminino, da mulher, é muito singular e deve ser pensado, em parte, aquém das diferenças. Significa que a menina só teria propriedade sobre seu corpo depois de um longo e complexo processo de identificação e de desidentificação, uma vez que ambas são absolutamente necessárias para que se dê a separação em relação à mãe. Aquilo que não está, que falta, é o que demanda a estruturação do ser. A separação entre mãe e filha causa desprazer e é este desprazer que deverá ser dominado trabalho pelo sujeito, pela simbolização. Estamos num terreno extremamente espinhoso, uma vez que a clínica não confirma este processo de forma linear, muito pelo contrário, a grande maioria das mulheres não alcança uma medida razoável como resultado desta operação.

A Perda

O trabalho com as pacientes com câncer de mama deixa esta complexidade identificatória com a mãe muito evidente, sem exceções dentro dos casos atendidos. Implica lidar com todos estes aspectos anteriormente referidos: sua identidade, sua história como mulher, como mãe e com a mãe, desde as primeiras interações com o mundo. Isto é o que esta pesquisa nos levou a pensar, uma vez que este foi o material que surgiu das pacientes. Tudo isso entra em jogo porque, a partir do seio, a ameaça de perda e a perda em si são vividas como ameaças narcísicas à sua identidade. E seguramente traz à tona outras perdas, deixa à mostra outras feridas narcísicas. O corpo é um objeto para a psique. Sem o corpo, e é esta a ameaça que se apresenta, não há psique. McDougall diz:

> *"Por mais ilusório que seja, o sentimento de identidade é todavia um dado essencial para a vida psíquica, o que nos leva a inferir uma segunda proposição: a conservação da identidade subjetiva pode ser considerada como uma necessidade psíquica primordial para o sujeito confrontado com a ameaça de morte psíquica. A representação identificatória repousa sobre uma intrincação, tão imperceptível quanto indissolúvel, entre o investimento de si e o investimento objetal, entre a economia narcísica e a economia libidinal, formando assim um movimento oscilatório incessantemente renovado".*[65]

Por outro lado, o câncer agrega a ameaça de morte. Esta é vivida pelo ego como ameaça de perda de seus objetos. Como perda, implica um luto, não só do órgão, mas de experiências, fantasias que possam a ele estar associadas como representante simbólico. Ainda como conseqüência destas questões, a perda do seio implica lidar com representações ligadas ao seio, em particular, e ao corpo, em geral, passando

[65] *Idem.*

por todo o processo identificatório da mulher em relação a sua mãe, seu narcisismo, sua imagem, sua sexualidade. Sobre a complexidade das demandas pulsionais, Hugo Bleichmar afirma:

> *"A ligação entre uma zona erógena e um objeto, ligação que na origem pode ter sido contingente, mas que uma vez constituída adquire muita força, fez surgir na psicanálise o fértil conceito de objeto de pulsão como aquele com o qual essa se satisfaz. E agora, o que acontece se a satisfação já não é apenas a sensualidade de uma zona do corpo – prazer de órgão –, se o prazer deriva do significado que tem o encontro do ser global ou de uma de suas funções com um objeto, se esse gozo é da ordem do narcisismo, do reconhecimento pelo outro?"*[66]

Portanto, estamos diante de um problema que implica uma ameaça ao ego, manifesta nesta experiência por uma fragmentação da identidade, tanto resultado do ataque narcísico que significará a perda do seio, quanto do reconhecimento do câncer como ameaça de morte no horizonte.

A ameaça de perda para o Eu está associada a uma experiência de desancoragem narcísica, como sugere Freud (1914) em "Sobre o Narcisismo: Uma Introdução":

> *"Ao avaliar a influência da doença orgânica sobre a distribuição da libido, sigo uma sugestão que me foi feita verbalmente por Sándor Ferenczi. É do conhecimento de todos, e eu o aceito como coisa natural, que uma pessoa atormentada por dor e mal-estar orgânico deixa de se interessar pelas coisas do mundo externo, na medida em que não dizem respeito a seu sofrimento. (...) A banalidade deste fato não justifica que deixemos de traduzi-lo nos termos da teoria da libido. Devemos então dizer que: o homem enfermo retira suas catexias libidinais de volta para seu próprio ego, e as põe para fora novamente quando se recupera."*[67]

---

[66] BLEICHMAR, H. *O Narcisismo*. Porto Alegre, Artes Médicas, 1987, p. 30.
[67] FREUD, S., "Sobre o narcisismo: uma introdução" (1914), *ESB*, p. 98.

O mundo da paciente passa a ser referido em torno da vivência da doença, da cirurgia, do médico, do tratamento. O acontecimento toma uma dimensão interna de fragmentação, e ao mesmo tempo toma a pessoa por inteiro para dar conta dos fatos externos, numa experiência invasiva, vivida como vinda de fora, assim como o que é trazido pelo exterior, imposto pela realidade, como são as experiências de viver uma guerra, perder alguém muito querido. Algo de que não se tem controle. O bem-estar corporal é interpretado no homem a partir da perspectiva do narcisismo, passando-se a vê-lo como mérito do ego. Daí que, ao mal-estar de qualquer doença, junta-se a injúria narcisista de não possuir um corpo são como os demais. O investimento do outro é para dar conta destes momentos mais agudos da experiência.

O câncer dá uma complexidade particular ao problema: uma parte de seu corpo deve morrer, as células cancerosas, para que outra parte possa prosseguir e, para que isto ocorra, é necessário um investimento em ambas as partes. E o melhor é que não se confundam, evidentemente. Tarefa na qual caberá ao "Eu pensante" investir, como propõe Piera Aulagnier.[68] Uma experiência como esta, em muito disruptiva, o "Eu pensante" buscará uma defesa, que Piera Aulagnier chama de "para-desinvestimento":

> *"sempre que uma experiência de sofrimento colocar em perigo seus investimentos privilegiados* ele pensará *sua própria experiência de maneira a operar uma ligação entre um sofrimento do qual não pode negar nem a presença, nem os efeitos e uma causa que possa permanecer suporte de investimento. O Eu não dispõe de outra saída contra o perigo que um certo tipo de desinvestimento representa, uma vez que esse apelo à causalidade, apelo que se apresenta a serviço das pulsões de vida e desse movimento de investimento próprio de Eros, pode, bem entendido, achar-se a serviço das pulsões de morte. Para que essa inversão se opere, bastará que o fenômeno do sofrimento*

[68] AULAGNIER, P., *Um Intérprete em busca de sentido I.* São Paulo, Escuta, 1990, p. 287.

se imponha ao Eu como efeito de uma causa que ele recusa investir, de uma causa que não pode ter sentido para ele por não estar referida a nenhum desejo. Porém, se o papel mantido pela causalidade nesse trabalho de investimento que cabe ao Eu nos fornece uma prova exemplar de seu poder de modificação (e de sua necessidade de se submeter a isso) sobre a realidade exterior e sobre a realidade psíquica, assim como dos limites encontrados, revela-nos sua inelutável submissão a uma exigência econômica que impõe um mesmo ditame a toda a função, todo ato, todo movimento psíquico".[69]

Para atravessar esta experiência é necessário reconhecer as exigências às quais deverá se curvar, começando por sua própria realidade corporal. Realidade que impõe não só limites, mas impossibilidades. Esta descoberta confrontará o Eu a duas sentenças: preservar uma relação de investimento com seu próprio corpo e investir neste corpo, como um outro investido pelo Eu, sabendo que essa realidade será periódica e inevitavelmente fonte de sofrimento, provocando um desejo de fuga.

Quando falamos da ameaça de perda, pensamos, mais imediatamente, na perda de objeto, circunscrita no seio; porém, ao escutarmos as pacientes, é notória a presença de outras perdas – a vivência se amplia para outras experiências de perda, de dor, de uma demanda de sentidos que se faz presente a partir desta perda atual. Estamos todo o tempo num movimento de báscula entre a realidade externa e a realidade interna, entre a história atual e a história pregressa, lutos não realizados, perdas apagadas que se acendem, como é o caso clínico que analisaremos adiante. Penso que justamente este material psíquico que surge na eclosão do acontecimento é que deve ser tomado como um suporte de investimento, tanto como forma de manter representantes psíquicos investidos em movimento, quanto de dirigir a busca de sentido para

[69] *Idem*, p. 283.

esta experiência, que deverá ser introjetada na história de cada uma e não como algo dissociado ou negado, à parte, desta história. É evidente que o desejo de fuga se faz presente e, neste ponto, a importância da escuta e do investimento que possa vir do outro que ampara, que dá continência para a vivência de fragmentação, redobra-se, até que a própria paciente se reencontre com o desejo de reinvestir em si e nos objetos.

Qualquer perda de algo tão íntimo, como é o seio para a mulher, faz-se através de uma incontestável passagem de uma prova; como diz Nasio (1997), prova de uma separação de um objeto ao qual estamos intimamente ligados: *"A perda de um objeto singular que nos deixa de súbito e definitivamente nos transtorna e nos obriga a reconstruir-nos."*[70]

Sobre a Dor

Juan D. Nasio trabalha a perda de um ente querido ou a mutilação física como questões, em graus diferentes, similares. Nasio afirma:

> *"Entretanto, seria falso acreditar que a dor psíquica é um sentimento exclusivamente provocado pela perda de um ser amado. Ela também pode ser dor de abandono, quando o amado nos retira subitamente o seu amor; de humilhação quando somos profundamente feridos no nosso amor-próprio; e dor de mutilação quando perdemos uma parte de nosso corpo. Todas essas dores são, em diversos graus, dores de amputação brutal de um objeto amado, ao qual estávamos tão intensa e permanentemente ligados que ele regulava a harmonia do nosso psiquismo. A dor só existe sobre um fundo de amor".*[71]

[70] NASIO, J. D., *O livro da dor e do amor*. Rio de Janeiro, Jorge Zahar Editor, 1997.
[71] *Idem*, p. 18.

Quando trabalhamos com experiências como estas, é como se toda a moldura da situação, que envolve a todos, mas fundamentalmente a paciente, se configurasse nos limites entre a vida e a morte, nas imprecisões entre corpo e psique, entre o eu e o outro, entre o funcionamento bem-regulado do psiquismo e o seu desregramento, e, ainda e mais fundamentalmente, entre a dor física e a dor psíquica. O trabalho é marcado por estes "entres", limites e conjunções, pelas ambigüidades, pelas dúvidas, aspectos que se imbricam, tanto na questão do corpo como do sofrimento enquanto dor física ou psíquica, nas dúvidas do curável, controlável ou incurável. Há um físico e um psíquico que se esbarram de maneira obscura e inextrincável.

Usei de várias referências importantes sobre o campo dos afetos, que nos serviram de subsídio para abordar a experiência destas mulheres, especificamente no que diz respeito a conceitos-limite, como a dor, os afetos, o corpo imaginário, que as implicam.

Freud distingue claramente os afetos uns dos outros: a dor é conseqüência inevitável, diretamente ligada à perda do objeto. A angústia é gerada em reação ao perigo que essa perda acarreta. Tanto a dor física quanto a psíquica são caracterizadas por um *sobreinvestimento.* A dor física provém de uma parte do corpo que emite a dor, a dor psíquica surge do anseio pelo objeto ausente. Freud distingue, pois, dor psíquica de desprazer por seu caráter específico e de angústia, pelo alto nível de investimentos ligados da primeira, mas também porque esta é uma reação ante o perigo pela perda do objeto, enquanto aquela é uma reação ante a perda real. Quanto ao luto, para Freud, passamos pelo teste de realidade e o luto exige a separação, pois o objeto não existe mais. O luto é uma tarefa finita de elaboração de uma perda. Já a dor se refere a uma experiência que pode nos exigir de forma contínua, a princípio infinita, de trabalho psíquico. A perda do seio está circunscrita entre a dor e o luto.

O luto que a perda do seio demanda implica um trabalho de elaboração psíquica, sem dúvida, do próprio seio e de suas significações. No corpo se faz necessário um forte e permanente investimento de adaptação, de reconhecimento do corpo vivo e modificado pela perda. Dois aspectos que não estão separados. Quanto à adaptação ao corpo modificado, faz lembrar, talvez pela dificuldade, da necessidade de uma reapropriação do corpo. Esta perda física poderá suscitar a busca da autonomia corporal. Se não o fizer, permanecerá na dor contínua, pois neste caso, a marca que fica no corpo não permitirá o esquecimento. No entanto, fica a questão quanto à alienação em relação ao corpo. Vi uma paciente, com uma distância de 24 horas da cirurgia, mastectomizada e com reconstrução imediata, o que significa uma cirurgia de grande porte, andando, segurando os drenos, suando excessivamente e, ainda assim, seguia pelo corredor; se não fossem os sinais visíveis de seu desconforto, diria que nada de muito importante havia lhe acontecido. Esta paciente havia passado dois dias na UTI, o que não é comum, em função de várias manifestações preocupantes como agitação, gritos, sudorese, alteração da pressão sanguínea. Esta foi uma paciente que lidou muito mal com a experiência atual e com todas as que surgiram ao longo do processo.

Sobre a Angústia

Minha experiência clínica com as pacientes com câncer de mama me permitiu sustentar que sempre há angústia presente nestas pacientes. A perda do seio, assim como o diagnóstico de câncer, é algo que faz a paciente experimentar todos estes afetos: angústia, dor, luto e desprazer. Porém, especificamente no que diz respeito à angústia, cabe ressaltar que uma paciente, com câncer do tipo melanoma em estágio de desenvolvimento bastante avançado, que se recusava, intensa e objetivamente, a dispor-se ao trabalho psíquico. O que caracterizava sua fala era a reificação de toda sua vida, e se referia sempre somente à realidade concreta. Nesta experiência, eu experimentava momentos de muita angústia perto ou longe da paciente: a presença de angústia é um mobilizador do trabalho psíquico, da busca pela produção de sentidos. Neste caso, a angústia manifesta em mim coincidia com o grau já avançado da doença, o qual a paciente já apresentava desde o início de nosso trabalho. Entretanto, não havia para esta paciente o risco de uma cirurgia mutiladora, da perda do seio, uma vez que o tumor se localizava nos pulmões, tendo se alastrado posteriormente para outros órgãos. É mais provável que esta forma de manifestação projetada caracterize mais pontualmente um tipo específico de estrutura psíquica e se explique, entre outros fatores, pelo estágio de desenvolvimento já avançado da doença. Por outro lado, ao trabalharmos juntas, a paciente citou a perda de um filho da mesma forma desafetada com que lidava com sua dor. Seu silêncio era freqüente, mas ainda contou um sonho de angústia: um sonho no qual seu irmão, morto brutalmente por um atropelamento, aparecia chorando muito; sua mãe dizia para ele parar de chorar e ela, a paciente, respondia: "deixe ele chorar tudo o que precisa chorar". Entendeu este sonho como o anúncio de sua morte e não de sua dor, e com isto ficou, e seu choro se manifestava através do silêncio, e em mim, sob a forma de intensa angústia. Muitas vezes me pergunto se a manifestação da angústia da paciente não estava expressa na mobilização que ela causou em várias pessoas que estavam à sua volta, inclusive em mim, pelo seu silêncio e uma suposta ausência no desejo de viver. Mas, como esta questão não está diretamente ligada ao tema do câncer de mama, deixarei por aqui.

Algumas mulheres conseguem lidar com a perda, alcançar uma reorganização e forças para um reinvestimento em suas vidas. Outras podem encontrar nesta experiência uma porta de entrada para manter-se na dor, erigir um monumento à dor ou ficar com eventuais ganhos secundários que a doença possa lhes trazer; como é possível também produzir uma desorganização patológica, no sentido do desinvestimento total, que pode ser mortal.

Já assinalamos anteriormente que uma das possibilidades destes momentos de crise é o desinvestimento. Sobre isto, Piera Aulagnier afirma:

> "*O sofrimento é uma prova que só pode dizer respeito ao investidor confrontado com a perda, com a rejeição, com a decepção que um objeto* ainda investido *lhe impõe, quer esse objeto seja um outro, sua auto-representação ou ainda uma função, uma qualidade de sua psique ou de seu corpo, dotados para si de um brilho particular. Não há sofrimento que não seja acompanhado pelo investimento disso pelo que se sofre. Mas, não se deve esquecer que o sofrimento, no registro de Eros, pode também efetivamente induzi-lo a retirar seus investimentos do objeto na esperança, é verdade, de colocá-los a serviço de outro suporte. É por esta razão que todo sofrimento ameaça facilitar a tarefa da pulsão de morte, permitindo-lhe aproveitar-se de um desejo de desinvestimento, presente em seu adversário, transformando-o em aliado temporário.*"[72]

É desejável que o luto sobre esta perda possa ser feito. A questão é que encontramos estas mulheres, de modo geral, em estado de intenso desamparo e também as dinâmicas, próximas das pacientes, de modo geral, apresentam-se desfavoráveis. O médico tem como objetivo acabar com a doença, por isso seu investimento não está alocado no doente. E isto é fundamental, uma vez que é preciso salvar o corpo da doença para que haja qualquer possibilidade de vida. Por outro lado, os familiares vivem a doença do doente como ameaça a seu próprio Eu, na medida em que o sofrimento do outro lhe impõe a presença da dor, diante de seus próprios conflitos, medos, angústia e sofrimento. São raras as pacientes que podem contar com eles como suportes efetivos desta experiência, pois, ao contarem, necessariamente esbarram nos conflitos familiares já presentes antes da doença. Observei esta situação como uma fonte de risco para as pacientes, na medida em que podem ter dificuldade de encontrar recursos, tanto internos quanto externos, para lidar com a experiência da doença associada ao desamparo em relação aos familiares.

[72] AULAGNIER, P., *op. cit.*, p. 289.

No caso destas mulheres, os aspectos em relação ao desprazer, à dor e à angústia se encontram imbricados com o diagnóstico de câncer de mama e a indicação cirúrgica, especialmente a mastectomia. Em primeiro lugar, porque o fato concreto de um diagnóstico de câncer já estabelece a dúvida com relação à possibilidade de uma recidiva ou de metástases, ou seja, porque não há cura definitiva. Em segundo lugar, este aspecto da realidade factual pode associar-se a aspectos da realidade interna da paciente, de maneira que a dúvida passará a ser suporte de angústia, desprazer e dor, uma vez que o que está em jogo é a própria vida, os reinvestimentos necessários para viver o momento atual e a busca por recursos para sonhar um futuro, ainda que duvidoso.

Observei no acompanhamento destas pacientes que há uma verdadeira conjunção de fatores sobrepostos e ao mesmo tempo inextrincáveis. A experiência de perda reatualiza outras perdas que aconteceram ao longo da vida. Foi o contato com o desprazer, a desilusão, presentes na fala das pacientes, que mobilizou a realização deste trabalho, como mencionei na introdução. Desta experiência clínica, o que ficou de muito importante e que será objeto de algumas considerações finais foi o que caracteriza o estado de desamparo. Este foi o aspecto mais difícil de lidar nesta experiência. O desamparo se configura como traumático. A experiência de perda é passível de ser elaborada, enlutada, porém, o desamparo é traumático, ele pode perpetuar a dor e ser um empurrão para destinos pouco desejáveis. Também temos que reconhecer que, como analistas, estamos num "entre", já que não se trata de uma análise propriamente dita, tampouco de uma situação de acomodação dos conflitos, como discuti anteriormente. A angústia, o medo, a dor podem se manifestar de formas muito diversas; "estou com dor" pode expressar tanto a dor física quanto a dor psíquica; a angústia, por exemplo, pode apresentar-se na forma de recusa de adesão ao tratamento. Como pudemos observar na clínica, a questão da realidade também passa pelos mesmos problemas, isto é, algo que é da realidade externa, factual, como uma recusa de internação, pode ser a manifestação de profunda angústia e medo. Porém, o desamparo é sempre o pano de fundo destas manifestações. Portanto, cumprir a função de continência para estas atuações me parece uma maneira suficiente para ajudar a paciente a sair do estado de desamparo. Muitas vezes foi possível acrescentarmos um ou outro toque emocional, e isto se fez suficiente como intervenção pontual. Voltaremos a esta questão.

Todo o tempo estamos *entre* aspectos que dizem respeito à realidade cognoscível, objetivada pelo discurso médico, pela factualidade da cirurgia, dos procedimentos adjuvantes, como também estamos, ao escutar estas pacientes, dando-nos conta da impossibilidade de distinguir uma dor com substrato físico de uma dor psíquica, aspectos que se referem aos afetos e também à questão de realidade. Minha experiência sugere que é indicado ouvir as pacientes como escutamos no consultório – todo o conteúdo indica representações. Evidentemente, o bom senso e boas medidas poderão assinalar aspectos da realidade externa que, nestes casos, também devem ser tomados em consideração.

Experiências desta magnitude de sofrimento demandam que o representante psíquico, isto é, a própria situação de sofrimento, mantenha sua existência para a psique como suporte de investimento. O representante psíquico desta experiência é a própria experiência e tudo que dela derivar. Escutar estas pacientes amplia a possibilidade de introjeção da vivência, o que se dará em tempo longo. Vimos que só a experiência não garante o encontro de sentidos, ainda que uma análise tampouco garanta. Mas é necessário um a-mais de investimento para que se metabolize o vivido. Há um duplo poder em todo objeto investido: de um lado é necessário o investimento para seguir vivendo e, de outro, há um recuo, um desinvestimento diante do Eu que sofre.

Considerar o que apareceu na fala das pacientes, suas questões passadas, suas dores, as feridas narcísicas de suas histórias de vida permitiu pensar neste investimento que se abre em direção ao Eu que sofre. A busca de causalidade deve-se a um modo de defesa de quem não tem saída. Mas, ainda, podemos pensar dialeticamente na perspectiva de que uma experiência contundente como esta, e tantas outras possíveis, leve de modo geral a uma busca de ressignificação de outros pequenos traumas que vão se somando ao longo da vida. Mesmo fora da condição de análise é comum vermos pessoas que passam por situações-limite buscarem outro modo de vida, reorganizarem seus valores. O que nos interessa é que, em condições de análise ou de um suporte analítico, a perspectiva de elaboração está, no mínimo, facilitada, uma vez que há uma certa tendência de se afrouxarem outras defesas, já cristalizadas, ao menos nestes casos analisados. Por outro lado, a experiência clínica com estas mulheres me levou à constatação de que a presença de uma analista estabelece uma contingência facilitadora na medida em que se cumpre uma função de continência para esta suposta flexibilidade que se apresenta e para as reais fragilidades. Digo suposta, porque é necessário ampliar a pesquisa para compreendermos com mais clareza os meandros e a amplitude desta experiência.

Essa discussão esbarra na premissa que Freud defende acerca dos instintos do ego e dos instintos sexuais, através da teoria da libido. Esta separação, para Freud, reflete a função dupla que vive qualquer indivíduo, entre a finitude de seu corpo biológico, portanto mortal, e uma substância (possivelmente) imortal – a libido. Paralelamente Freud compara o estado de doença com a condição do sono: ambas as situações implicam uma retirada narcisista das posições da libido até o próprio eu do indivíduo.

> *"O egoísmo dos sonhos ajusta-se muito bem nesse contexto. Em ambos os estados temos, pelo menos, exemplos de alterações na distribuição da libido que são resultantes de uma modificação no ego".*[73]

É possível vermos isto na clínica e estes são os momentos mais pontuais da importância de um outro que possa tanto acolher o recuo necessário quanto estimular o reinvestimento.

[73] FREUD, S. "Sobre o narcisismo: uma introdução" (1914), *ESB*, p. 99.

Freud afirma que a relação primeira, fundada através da amamentação, do contato com a mãe ou seu substituto, será a matriz de todos os relacionamentos amorosos. Perder o seio é uma experiência que remete à perda do primeiro amor e tantos outros que se seguiram a este, portanto, necessariamente implica o luto e o (re)investimento da libido em direção de outros objetos.

Meu trabalho me levou a pensar que este momento de crise pode ser um momento particularmente facilitador de elaborações, na medida em que é freqüente a paciente perguntar-se: "Por que eu?" Esta pergunta, ainda que superegóica, sugere a possibilidade de um bom uso. A paciente coloca-se no centro de seus pensamentos e permite que representações psíquicas circulem, o que me parece altamente positivo. Não é o suficiente, evidentemente, e talvez não seja assim para todas. Quando podemos ouvi-las é como se elas buscassem, naquele momento específico, o sentido deste "Por que eu?", pronunciado em outros momentos de sua vida que não encontraram, até então, espaço de elaboração e representação. Deixo claro que não podemos generalizar esta questão. Tive oportunidade de trabalhar com uma paciente que, apesar de apresentar esta abertura facilitadora, trazia muito mais evidentes as amarguras que ganhou com a marca na realidade do corpo, a ferida narcísica deixada pela doença, e assinalava sua resistência em desapegar-se delas, chegando ao clímax numa sessão em que ela levantou a blusa para mostrar a marca da ferida cirúrgica em seu próprio corpo – a mastectomia radical sem reconstrução. Este gesto da paciente indica que falar da dor é falar das dores todas. De que dor ela falava? Qual ferida me mostrava mais exatamente? Falava de sua ferida narcísica e mostrava a marca cirúrgica, lembrando dos dois maridos que a abandonaram. Ainda assim, somente sua presença já denunciava o desejo de buscar sentido para suas dores, porém, seguramente, não seria através de alguns poucos encontros. Neste caso e neste recorte de sessão que faço, é como se a dor se constituísse enquanto sensação de impossível continência, seja pelo corpo, seja pelo psiquismo, invadindo, pulsando, arrasando qualquer barreira.

Freud, ao comparar o estado de doença com o sono e com a teoria da libido, encontra o narcisismo, uma forma de distribuição da libido ligada aos objetos, em busca de satisfação. Uma descoberta interessante foi a de que o narcisismo, uma vez constituído, estaria pronto. Idéia falsa. Esta experiência é, dentre outros fatores, uma vivência de fragmentação: da vida, dos sonhos, do presente, do corpo, do futuro desejado, e não tem como não passar por isto. Aí estão, em parte, os motivos do desinvestimento. A clínica e o texto de Freud indicam que um novo ato, um novo movimento narcísico, tomando o ego como objeto se faz necessário. O narcisismo, como um ato a mais que dá ao ego a vivência de unidade, é o paradigma destes momentos de crise, em que precisamos buscar uma força a mais para seguir. Como afirma Freud, o narcisismo não desaparece. Tanto é que a experiência atual pode ser vivida como um ataque ao narcisismo, pode referir-se a feridas narcísicas renovadas pela experiência e, ao mesmo tempo, é o movimento narcísico que permitirá ao ego uma nova vivência de unidade. Portanto, em vários momentos da vida, o narcisismo é convocado a reinvestir.

Sobre o Luto

O luto é uma reação à perda de um objeto de amor. O objeto aqui referido é o seio. Afinal, de que luto se trata? Fizemos um longo percurso sobre a questão identificatória da filha com a mãe, de como a filha passa por diferentes momentos na relação com o seio da mãe. Desde a amamentação, o seio é seu primeiro objeto de amor, depois, ao ver a mãe amamentando um irmãozinho, sentirá ciúmes e ameaça de perda do amor materno. Muitas são as experiências até que seu seio surja. O seio ocupa um lugar central na vida de todos os humanos, e é fonte de inúmeras representações – nas mulheres de forma muito particular.

Freud assinala que no processo de luto há uma retirada da libido para o eu. Nestes casos, é possível que também possa haver esta retirada da libido, porém é o eu que está ameaçado de perda de objeto, uma vez que é assim que se manifesta a ameaça de morte para o psiquismo. Não é o mesmo luto de quando perdemos alguém que amamos, mas estávamos falando de representações! O que surge são representações muito intimamente ligadas aos amores, das forças pulsionais em busca de sua satisfação.

Todo o processo de luto é acompanhado de uma outra questão: o seio é um órgão externo. Sua perda, sem reconstrução, é vivida como motivo de vergonha e humilhação; constrangimento ao se comparar com outras mulheres, constrangimento diante do parceiro sexual. Por outro lado, a mastectomia com reconstrução não deixa de ser problemática, ainda que evidentemente diminua em muito o sofrimento da mulher nestes aspectos de sua relação com o outro; porém há que se adaptar a um corpo que passa por uma cirurgia muito extensa e com conseqüências permanentes. Uma das discussões frutíferas, no IGM, foi justamente a possibilidade de mantermos sempre a paciente implicada nesta decisão. Penso que isto é importante tanto porque a paciente deve ter, através de sua decisão, um primeiro registro de perda, quanto porque a decisão a obriga a pensar por que reconstruir ou não – espaço de circulação de representações significativas para seu processo de luto.

Não pude me dedicar suficientemente a tratar os sentimentos de vergonha e humilhação. Além da injúria, que assinalei anteriormente, sobre não ter saúde como os outros, tais sentimentos, de vergonha e humilhação, estão sempre associados a vínculos de relação, à perda de uma certa imagem de si mesma. De modo geral, podemos sugerir que o luto se dará de forma muito lenta, numa busca minuciosa dos aspectos mais íntimos vinculados a este objeto perdido, o seio.

Nasio, ao trabalhar o luto em Freud, pergunta-se:

> *"Então, como fazer corresponder a definição de dor corporal com a da dor psíquica, especialmente a dor do luto? Freud escreve: 'A dor corporal supõe um superinvestimento da representação psíquica*

> *do local lesado do corpo.' Observem que não se trata de representação psíquica do objeto como era o caso do luto, mas do local lesado do corpo. E depois, comparando essas duas categorias de dor, física e psíquica, precisa: 'Em resumo, a dor responde a uma alta concentração de libido na representação psíquica de um objeto que, na realidade, foi perdido ou ferido. Vemos bem que o superinvestimento afetivo de uma representação significa um maior apego no interior ao objeto que não está mais no exterior. Conclusão: a dor do luto não é dor de separação, mas dor de ligação. (...) pensar que o que dói não é separar-se, mas apegar-se mais do que nunca ao objeto perdido."*[74]

A perda do seio não se dará no momento da cirurgia, ela será realizada num longo processo de desapego. É assim que eu nomearia este luto.

[74] NASIO, J. D., *op. cit.*, p. 165.

A Experiência Clínica: Dois Exemplos

Os atendimentos clínicos que se seguem em grande parte são questões já vistas, mas aparecem agora como uma intervenção terapêutica pontual. O primeiro caso é especialmente interessante, pois foi propiciado sobre as bases propostas pela Teoria dos Campos, a saber, da recuperação do método psicanalítico. Segundo estas concepções, quando trabalhamos com o rigor do método, podemos praticar a psicanálise em muitas condições. Método não é técnica, é a forma da ciência. O método psicológico é a conversa, o olhar, a fala, a gestualidade; o método está guardado na própria prática do psicanalista. O homem da Teoria dos Campos é o homem psicanalítico, isto é, o que produz continuamente na e em crise. Em cada momento, como no momento pontual do encontro com a paciente, o trabalho psicanalítico descobre um inconsciente que é importante enquanto tal. A proposta da Teoria dos Campos é não reduzi-lo à castração, ao Édipo, a qualquer conceito psicanalítico, para que a descoberta não se dilua. Campo é a arte de jogar com os inconscientes relativos e também manter a especificidade da descoberta sem dar um salto para uma das teorias. Fica-se numa zona intermediária – sem pular para nenhuma teoria. Cada paciente deixa aparecer um conjunto de regras inconscientes. Quando descobrimos algo, descobrimos um inconsciente relativo. Não há, para a Teoria dos Campos, um inconsciente, há vários. A função terapêutica é resultado da interpretação psicanalítica, tomada aqui no seu sentido metodológico, uma operação que promove a ruptura de campo. Basicamente, esta operação implica que o analista permita-se o estado de contágio, que vem a ser simplesmente, mas nem tanto assim, uma imersão na experiência. A função terapêutica, nos moldes da Teoria dos Campos, também depende do campo transferencial estabelecido. O campo transferencial é aquilo que determina de que maneira a relação entre analista e paciente vai se estabelecer, a cada momento ou no período da análise. Na relação analítica moramos, por assim dizer, no campo transferencial. Isso fez com que a relação com cada paciente tenha sido como foi e não pudesse ter sido de outra forma. No caso de Cecília, que relato a seguir, penso que me conduzi nesta intervenção simplesmente "dando um toque", fazendo-me um pouco de desentendida, acolhendo ao mesmo tempo, com a diferença de que tomei em consideração o que Cecília disse e não larguei mais. Algum sentido tinha, mas não podíamos ainda saber qual. Seguindo o método psicanalítico, vimos que o paciente tende sempre a repetir e colocar seus dramas em cena. Assim, quando algo surge, deve-se tomá-lo em consideração (Herrmann, 1991). Uma das maneiras de fazê-lo é como aconteceu no caso de Cecília, onde assumir a posição transferencial me levou a dar um pequeno toque – "você está só?" –, uma certa receptividade ativa, por exemplo. A fala do analista considera, porém não coincide com o desejo da paciente.

Retrospectivamente, o campo transferencial em que nos encontramos ganhou sentido. Foi um "encontro psicanalítico" que começou exatamente com o que surgiu, como um acontecimento de última hora, como pode acontecer a qualquer momento. À medida que a conversa seguiu seu curso, sentidos foram se produzindo no que, aparentemente, estava solto, sem sentido; e ao mesmo tempo Cecília encontrava-se muito apegada a esta representação de quem não tem com quem contar.

Caso Cecília

Estávamos numa das reuniões clínicas semanais e, ao terminarmos, segui um tempo conversando com alguém do grupo. De repente, Dr. L. me chama, muito assustado, dizendo que estava em apuros com uma paciente que se negava a internar-se, pois não tinha acompanhante. Dr. L., muito preocupado com o destino da paciente, pediu-me ajuda. Fomos juntos até ela. Diante da cena de Cecília aproximando-se, acho que fiquei alguns segundos olhando, pois me lembro de seu andar dificultado em parte pela justeza da saia e em parte pelos altos saltos do sapato. Parecia uma figura que se esforçava para manter uma posição difícil de sustentar. Minha percepção não estava tão distante do que se passou: aderida a uma única representação de si mesma – "a abandonada, sem ninguém com quem contar", provavelmente uma representação muito importante para ela, em sua identidade. Ao ver Cecília, lembrei-me de sua primeira estada no hospital – ela decidiu internar-se sozinha –, veio de táxi com uma pequena mala. Foi um acompanhamento difícil, pois implicou uma visita no domingo, dia da primeira internação, dado que ela estava só. Nos dias subseqüentes, como não conseguia me comunicar com ela por telefone, apesar de haver um no quarto, fiz todas as visitas pessoalmente. Na época ficou meio custoso, pois não queria deixar de vê-la, ao menos saber como estava, e isto poderia ser alternado com visitas e telefonemas. Certo dia, depois de tentar ligar muitas vezes, todas em vão, preocupada, fui à noite até o hospital. Ela estava sozinha e disse: "Ah! Eu não atendi ao telefone porque justamente o braço que eu preciso para alcançá-lo é o braço da cirurgia" (sic). Era verdade, mas apenas uma parte dela. Neste dia, contou-me que sua mãe não ia a hospitais, desmaiava só de entrar, era muito frágil, por isso nem pediu sua companhia. Não atender ao telefone foi uma forma imperativa de levar-me até ela, ou quem quisesse notícias. E conseguiu. No entanto, foi assim que pôde falar de seu desamparo, falando da ausência da mãe.

Assim que nos encontramos, disse-me a mesma afirmativa dirigida ao Dr. L.: "Não posso operar porque não tenho acompanhante". Eu sabia que Cecília havia recebido o diagnóstico de sua lâmina naquele dia e, imediatamente, foi marcada a cirurgia. E a questão do acompanhante já era nossa conhecida. Então perguntei: "Você está só, aqui?" Ela respondeu: "Não, estou acompanhada de minha irmã". Retomei a palavra e disse: "O que acha de chamarmos sua irmã para conversarmos? Pode ser que ela tenha alguma sugestão para nos ajudar". Cecília me respondeu que tudo bem, desde que eu quisesse falar com sua irmã. Topei. Chamamos sua irmã, expus a situação de Cecília e sua irmã, prontamente, disse que não haveria nenhum problema quanto ao acompanhante. Ela tiraria uns dias de folga no trabalho e ficaria em tempo integral, com Cecília, no hospital.

Isso fez com que eu e o Dr. L. nos tranqüilizássemos e Cecília saiu bem mais aliviada por saber que podia contar com sua irmã, embora fosse difícil para Cecília descolar-se desta representação de si como "aquela que não tem com quem contar".

Acompanhei Cecília em todo o período de internação. A cada encontro podíamos conversar sobre sua história, como estava passando. O que surgisse era motivo suficiente para cada encontro. Depois da cirurgia seguimos com mais alguns encontros e interrompemos. Um ano depois, voltamos a nos encontrar uma única vez.

Podemos depreender deste caso alguns pontos muito significativos. Em primeiro lugar, a intervenção: quando já estava internada, numa das visitas logo após a cirurgia, contou-me um sonho que teve no dia da cirurgia: disse que estava em uma maca no saguão do hospital e viu de longe o Antônio Ermírio de Moraes – diretor do hsospital. Aos berros o chamava para denunciar que haviam operado a mama errada, por engano, e que ela queria, uma vez denunciando o erro dos médicos, que ele tomasse providências. Pedi que ela associasse livremente e dissesse o que lhe viesse à mente. Cecília lembrou-se de uma experiência de sua infância, acontecida logo que sua irmã nasceu. Estavam na calçada ela, o pai e a irmã, no carrinho de bebê. O pai pediu que ela olhasse um pouco a irmã no carrinho, pois ele iria entrar em casa rapidamente e voltaria em seguida. Cecília ficou um pouco e saiu para brincar com as amiguinhas, deixando a irmã sozinha. Quando o pai voltou, ficou muito bravo com ela e deu-lhe uns tapas. Rompe-se este campo onde Cecília pode descobrir que tem uma irmã e que pode contar com ela. No sonho, Cecília manifesta sua hostilidade e exigência de que alguém se responsabilize pelo engano dos médicos em operar a mama errada. Exigência de que alguém cuide dela e a defenda dos enganos que cometem aqueles em quem não confia e que a enganam. Quem enganou Cecília? Seus pais tiveram sua irmã e ela se sentiu ferida e enganada. Sentiu-se desamparada e manteve-se nesta representação de si como a que não tem com quem contar. Na figura de Antônio Ermírio vê-se poderosa e dona de tudo. A decepção com os pais e seu desamparo são feridas narcísicas muito antigas e falam de amores muito importantes de sua vida. Arrancados de sua vida por engano. O engano, para Cecília, foi cometido por seus pais, ela, afinal, era a "mama enganada". Bem, estamos falando de Cecília. Ela enganou-se, equívoco de suas fantasias infantis que a levaram a negar-se como irmã através da negação da própria irmã.

Sessão com Cecília – 27/03/99

– No geral, como foi esta vivência para você? – perguntei.

– A questão "Por que eu?" nunca me passou pela cabeça – respondeu Cecília. – Tem um lado bom. É uma oportunidade de se rever os valores que se tem. Eu ficava angustiada com os pequenos problemas do dia-a-dia. **Não** sou mais assim. **Não** vou viver em função do que as pessoas acham. Eu sou mais o que sou mesmo, hoje. **Não** é legal colocar verniz. Às vezes as coisas não me agradavam e eu não falava. Aproximei-me de minha irmã – isto não existia. Ela ficou uma irmã protetora, com um coração grande, e bem-preocupada comigo. Posso contar com as pessoas. Quando recebi a notícia, achei que o mundo ia acabar.

Destaquei as negações para evidenciar que a questão da irmã está posta num lugar diferente das outras iniciadas com o "não". A intervenção rompeu este campo da relação de Cecília com sua irmã.

A mãe só foi ao hospital para buscá-la. Não suporta hospitais. Desmaiaria se estivesse lá. A irmã a surpreendeu. Hoje são amigas. Sente a mãe frágil. Diz que pela mãe e pelo filho perde a cabeça, é inconseqüente. Não tem limites. Conta de uma briga entre uma irmã da mãe e a mãe. Foram parar todos na delegacia. Ela insistia que a mãe pusesse a irmã na cadeia. Tem muito ódio desta tia, que vem a ser a irmã mais nova da mãe. Segundo o que diz sua mãe, sua avó materna devia sentir algo de muito ruim em relação a esta filha (sua mãe). Era a primogênita. Teve que cuidar das outras e apanhou muito. As outras filhas eram bem-tratadas e a caçula era muito mimada. A avó era uma portuguesa muito brava. Cecília gostava muito desta avó. Tem saudades e sente muita falta dela. Lamenta ter sempre feito o que lhe mandavam. Quando tinha 10 anos, houve um desentendimento muito grande entre a avó e sua mãe. Romperam relações e ela também nunca mais viu a avó, só quando esta estava já em coma para morrer. Não entende como não reagiu, no sentido de ter ido visitar a avó, mesmo que fosse às escondidas da mãe.

Cecília, ao contar de si, deixa entrever seus conflitos com a mãe, seus ciúmes em relação à irmã.

Seu pai faleceu quando ela tinha 15 anos. Sofreu um acidente de carro. Ela tem a imagem de que tudo estava nas costas da mãe. A irmã paga seguro-saúde para a mãe. Construiu a casa em que moram. Seu filho tem dormido direto na casa da avó. Ela está só e diz, brincando, que a abandonaram.

Quanto à sua vida afetiva, diz que o pai de seu filho não liga para ele. Há 6 meses se falaram pela última vez. Só liga para a filha que teve no outro casamento. Diz que na época da cirurgia estava saindo com um advogado a quem procurou para resolver uns assuntos. Só que ele era casado. Hoje é um grande amigo. "Posso chorar em seu ombro. Contar com ele para o que precisar". Ele ajudou muito na época da cirurgia, no entanto, ela não podia contar para ninguém porque ele era casado.

Caso Ana Matilde

Esta paciente foi atendida desde sua internação, na véspera da cirurgia.

Trata-se de uma mulher de 58 anos, freira, que entrou aos 12 anos numa congregação de São Paulo, onde foi estudar em função da precariedade econômica de sua família. Achou que o convento seria a "porta de entrada para seus ideais": estudar para ensinar. Relata que, desde o começo sofreu decepções. Passou fome no convento, onde permaneceu por longos anos, restrita a trabalhos de limpeza, lavagem de roupas e serviços de cozinha. Curiosamente, os conventos fecham as portas para manter os ideais da Igreja enclausurados através de seus representantes.

Certa vez, por ocasião da visita de seus pais, que se dava uma vez por ano, reclamou que passava fome. Seu pai sugeriu que ela voltasse para casa, pois comida não faltaria. Ana Matilde não aceitou. Sua irmã, que havia entrado para o convento com ela, aceitou.

Passaram-se muitos anos até que Ana Matilde, totalmente desiludida em suas esperanças em relação ao convento, e muito distante de alcançar seus propósitos, pediu uma exclaustração, seguindo os conselhos de um padre de outra congregação, que, segundo ela, a compreendia. Para conseguir conversar com ele fez uma "falcatrua", como diz, mentindo que iria ao cemitério, único passeio autorizado pelas freiras.

Essa decisão de Ana Matilde foi produto de sua última experiência dentro do convento. Depois de muitos anos tentando um lugar como professora, finalmente conseguiu um acordo com a superiora de começar como auxiliar de ensino, em uma comunidade muito pobre de outro lugar, em troca da permissão para os estudos do segundo grau. Ao chegar, foi comunicada que seria faxineira, pois não havia vaga para ela estudar naquele ano. Logo nos primeiros dias, enquanto fazia faxina, levou um tombo e quebrou o braço. Foi impedida de procurar um hospital, tendo que aceitar os cuidados disponíveis no lugarejo. Passados alguns dias, sua tia veio visitá-la e pediu à superiora que a deixassem ir a um hospital. Não foram atendidas, embora as dores fossem muito intensas e o braço estivesse ficando preto. A saída foi fazer um treinamento em São Paulo, oferecido pelo próprio convento. Ao chegar, dirigiu-se para o hospital da congregação e foi "enrolada" novamente. Enrolada quer dizer, para Ana Matilde, que os médicos propunham soluções para o seu problema que não condiziam com sua expectativa. O médico disse que iria amputar sua mão (sic). Resolveu fugir e procurar um hospital. Foi operada e permaneceu muitos dias internada. Seu braço estava em avançado estado de inflamação, com risco de perda. Pensou em suicídio. Depois de recuperada, decidiu pedir ajuda ao padre, que lhe sugeriu a exclaustração como primeiro momento de afastamento. Saiu e procurou um emprego para se sustentar.

Ana Matilde, ressentida por conta de ter seus ideais depositados desde sua juventude na congregação, sentiu-se magoada e ofendida ao receber a sugestão do padre de casar-se e viver ao lado de um homem. Diz: "Como mulher?"

Quando foi internada para fazer uma mastectomia radical da mama esquerda, já havia passado por três sessões de quimioterapia. Encontrei Ana Matilde em seu quarto no hospital, chorando muito, visivelmente deprimida. Fomos apresentadas pela psicóloga do hospital e, após aceitar o encontro, saímos para conversar. Muito aflita, dizia do que estava passando naquele momento, brigando por seus "direitos" – falou quase que de toda sua vida. Sobre os tais "direitos", neste dia ganhou, em parte. Queria sua mama reconstruída, causava-lhe horror imaginar-se "lisa". Apenas isto. Não, não era bem só isto. Queria um pouco mais, talvez. Ana buscava não só a reconstrução de sua mama, mas também de sua auto-estima, muito diminuída para si mesma diante da frustração da realização de seus ideais, e exigia reparação por todas as formas. Foi injustiçada, humilhada pela vida, ficou sem esperança. Buscava uma reparação de muitas feridas narcísicas. Talvez a maior delas seja justamente o olhar de sua mãe. Segundo Ana, a mãe só tinha olhares para o pai, os irmãos e para os padres. Por isso se pergunta tão ofendida pelo padre: como mulher?

Foi uma longa primeira entrevista, que deixou reverberando em mim uma forte impressão de que a vida havia sido injusta com ela. Deixei este sentimento de lado, por várias razões. Mas o considerei. Uma delas já é possível tomar em consideração. Há algo de especialmente ameaçador no ambiente hospitalar, é claro, mas a angústia de uma paciente que vai passar por qualquer cirurgia de grande porte é, geralmente, assustadora. Para lá estarmos, às vezes, é preciso ficarmos colados um pouco demais nos dados da realidade, um tanto dissociados. Objetivamente, isto significa que às vezes dá vontade de sair brigando junto com a paciente "por seus direitos", associada à vontade de não voltar mais. É um fenômeno interessante, porém estava preocupada em resguardar um lugar de escuta. Fiquei com esta impressão por algum tempo sem poder compreendê-la, nem tampouco eliminá-la.

Eu tinha uma certa razão em relação a este sentimento. Com o passar do tempo, a lista de injustiças aumentava a cada experiência, pois insistia em buscar realizar e atender suas necessidades e desejos, mesmo nos lugares onde recebia um não como resposta. A cada experiência deparava-se com obstáculos, os quais vivia de forma muito intensa. Ana alternava seu estado entre uma espécie de depressão, marcada mais claramente por um choro contido, às vezes mais animada por suas buscas no hospital, de médico em médico, contando com que alguém pudesse ajudá-la na reconstrução de sua mama. Na busca de outros médicos para atendê-la, sempre encontrava alguém que a maltratava, não a compreendia, recusava-se a ajudá-la, e isto a trazia de volta ao choro e à pergunta que sempre retornava: "O que eu tenho de ruim dentro de mim para ser tratada assim?"

Numa determinada sessão, Ana perguntou-me explicitamente se eu não poderia resolver um determinado problema, se não conhecia alguém que pudesse fazê-lo. Ela dizia que também esperava de mim algo que imaginava que eu pudesse realizar.

Ana Matilde quase nunca faltava às sessões, no início no hospital e, depois de certo tempo, no consultório. Somente quando era muito grande a possibilidade de conseguir uma das tantas reivindicações, junto ao hospital, sequer pestanejava em ir "atrás de seus direitos".

O segundo tempo de nossos encontros foi marcado por um acontecimento que, *a posteriori,* tornou-se muito interessante para o trabalho que estávamos iniciando. Foi internada novamente para a retirada de um nódulo que aparecera próximo ao local da cirurgia, ocasião em que também seria feita a segunda etapa da cirurgia plástica, a colocação do mamilo, bem como uma pequena reparação numa região que ficou comprometida por uma necrose, resultado da primeira cirurgia plástica, e ainda outra reparação no local da retirada deste nódulo. Numa visita pré-operatória, foi informada pelo médico responsável de que a plástica não ocorreria, mas apenas a retirada do nódulo para biópsia. Ana Matilde novamente assumiu a briga por seus "direitos". Mas esta ela perdeu. Era difícil identificar se o pior foi a perda da briga, ou seja, do direito reivindicado pelo limite imposto, ou a decepção com o médico, que numa interpretação selvagem, sem saber o que estava atingindo, a questionou em seu aprendizado "cristão": perguntou se ela não havia aprendido no convento a renunciar e ser humilde, aceitando o que a vida lhe reservara – para que ela precisaria do seio se nem casada era?

Ana ficou muito brava e ofendida, depois se desmanchou em lágrimas. Chorava sem parar, gritava ao médico que "não era mais freira", mas mulher como qualquer outra e queria sua mama reconstruída; disse-lhe que estava agindo preconceituosamente e que a decepcionou muito. Isto era verdade, mas só uma parte dela, pois além da reivindicação Ana sentia-se denunciada em sua fragilidade.

Um pouco além da fragilidade óbvia da situação de Ana, me pareceu importante este momento: sua dor chega ao máximo. De que se trata este pedido, justo e legítimo é claro, mas de forma tão desesperada? Seu corpo trazia na realidade da incisão cirúrgica a perda de um seio, até então negado pelo imperativo da Igreja/Mãe – que a ensinava a não olhar, a usar panos bem apertados para "apagá-los" debaixo do hábito, para evitar o reconhecimento de sua sexualidade, de sua condição de mulher. Ana Matilde sentiu-se discriminada pelo médico por ser freira, para ela, não-mulher, assim como sempre se sentiu, diante de sua mãe, injustiçada por ser mulher e sem direito ao amor materno. A tentativa de seduzir o médico, dizendo que não era mais freira, e de aceitar ser mulher como recurso para sua súplica, pois era assim que parecia, já apontava uma questão importante, qual seja, ser freira era um jeito de escapar da situação, esta sim narcisicamente inaceitável e humilhante, de ser mulher. Ou, em outras palavras, ser mulher, para Ana, foi oferecer-se como cordeiro imolado para o convento defendendo-se de algo.

O masoquismo, como defesa, articula-se de maneira muito próxima com o que já trabalhei anteriormente sobre a questão identificatória das meninas com suas mães. No caso de Ana Matilde, a especificidade do masoquismo como defesa é gritante. A conversa de Ana com seu médico é explícita. Era como se dissesse: "se eu me submeter à condição de mulher, como qualquer outra, você me opera?" Ser freira foi um modo de defesa masoquista de Ana para desvencilhar-se da passagem para o mundo da cultura, onde ela teria que se haver com sua condição de mulher. Permaneceu no convento e manteve em seu modo de ser um certo infantilismo, expresso por certa ingenuidade. É excessivamente crítica em relação a tudo e a todos, muito investida na tentativa de controlar qualquer alteração na posição do outro. Tal mudança parece que determinaria uma mudança em si mesma, evitada a qualquer preço em sua organização. É sempre muito ativa nas decisões dos médicos sobre seu tratamento. Negou-se a fazer radioterapia. Achava desnecessário e tinha muito medo de ficar queimada assim como muitos pacientes que vira.

Ana Matilde decepcionou-se precocemente com sua condição de filha mulher e pensa que os pais se decepcionaram com ela. Falou muitas vezes que acha que seu pai e sua mãe esperavam um filho homem como primogênito, afinal, a mãe tinha os padres como sagrados e os homens como figuras importantes e seus irmãos jamais lavaram um copo, sempre foram cuidados pela mãe.

Identificada com o preconceito materno em relação às mulheres, buscou no convento a realização do que supunha ser o ideal materno, um ataque a ela pela condição de ser mulher. Dentro da congregação sempre lutou pela igualdade entre freiras e padres. Não aceita as freiras não poderem fazer uma celebração e só os padres ocuparem o altar. Em relação aos homens, é muito determinada: "Jamais seria empregada de homem. Homem para mim ainda não nasceu." Sua escolha também indica sua busca de um lugar de exceção em relação à sua própria família. Não queria seguir naquele lugar precário, como diz hoje, cheio de mosquitos, pernilongos, poeira e distante de tudo. Acha insuportável ficar lá mais que dois dias.

Depois do incidente relatado, Ana caiu na depressão mais acentuada de todo o período de nosso trabalho. Atacada em seu maior trunfo ou, melhor dizendo, em seu suporte defensivo, narcísico, ela se viu diante de uma dor psíquica até então mantida em profundo estado de silêncio. Assustada por se ver só, decepcionada com os médicos, a quem se refere em seus momentos mais agudos de raiva como "cambada de vagabundos", submeteu-se à cirurgia para a retirada do nódulo e caiu em prolongada depressão.

Perdeu o domínio, ainda que ilusório, de uma posição que até então lhe permitia viver na total subjugação dos desejos, mantidos em silêncio. Significaria que houve renúncia? Penso que não. Pagou com a própria vida pela impossibilidade de renunciar.

Era militante do ter e reivindicava o que havia perdido no convento, no trabalho, no corpo, o seio, anteriormente o braço. São acontecimentos que incidem sobre o corpo e se prestam simbolicamente a representações de suas reivindicações.

Diante das feridas narcísicas quase insuperáveis para as mulheres, segundo postulou Freud, e no processo de tornar-se mulher, Ana Matilde se posiciona como reivindicadora – ante o pai e os homens em geral – uma criança/falo do sexo masculino – a fim de superar a ferida narcísica de sua mãe: sua condição de mulher.

No momento de vida em que a conheci, Ana não apresentava claramente um quadro depressivo, ainda que estivesse deprimida pelas circunstâncias. Mesmo estando muito assustada e chorando, não abriu mão de se defender. Pediu aos médicos que não a decepcionassem, foi à superintendência queixar-se, buscou os chefes para resolverem seus problemas. Ao mesmo tempo, expressa características de infantilismo, ingenuidade, inibição moral excessiva, como a descrição de Freud sobre o masoquista, quer ser tratada como criança pequena, levada, inocente e desamparada. A relação de passividade/atividade masoquista com o convento foi extrema, durou quase trinta anos, apesar de em seu relato aparecer como a criança pequena e desamparada.

Seu horror ao pensar-se lisa, sem o seio, interessou-me muitíssimo por duas razões: o seio salta aos olhos como diferença anatômica. A menina ficará por prolongado tempo à espera de seu seio, enquanto isso – lisa. Esta sessão, na qual Ana Matilde escolhe seu nome para ser representada neste trabalho, falava do horror de sentir-se lisa, sem o seu seio "bonitinho como era" (sic); em seguida começa a falar sobre os nomes e lembra que seu pai tirou tudo de sua mãe, inclusive o nome Matilde e o sobrenome, deixando somente Ana e o sobrenome do pai. Por isso queria homenagear a mãe, chamando-se Ana Matilde. De seu próprio nome diz que gosta, mas odeia o sobrenome do pai porque todo mundo quer saber de sua origem. Seu nome lhe foi dado por sua mãe, em homenagem a uma querida amiga que faleceu perto de seu nascimento.

Ana serviu as mulheres do convento por toda uma vida. Limpou, cozinhou, lavou, passou. De modo sacrificial, masoquista e fiel. Mas homem, para ela, ainda não nasceu. É verdade, Ana é escrava de sua condição de mulher, a qual não pode aceitar. O que chama de conflito entre os pais está apoiado na impossibilidade de reconhecer a diferença entre homem e mulher. Entende que não há espaço para as diferenças. Conta que, ao sair do convento pela exclaustração, sua mãe veio visitá-la e examinou todas as suas roupas e objetos pessoais, pois pensava que ela poderia tornar-se uma prostituta. Ana também teme que se não estiver engessada pela Igreja, será invadida por uma onda sexual, sempre associada a fantasias homossexuais e perversas.

Diz certa vez: "Bem, eu queria ser mulher..., quer dizer, ser freira". Conta duas coisas: 1) que viu um programa na TV sobre homens que querem ser mulher e mulheres que querem transformar-se em homens. "Que difícil! Minha cirurgia não é nada diante disto. Para virar homem tem que tirar as duas mamas completamente, depois eles tiram o útero..."; 2) que hoje suas alunas estavam trabalhando a palavra hábito e ela perguntou se elas gostariam de saber um pouco sobre a vida das freiras. Contou que no convento tudo é pecado, proibido, que elas usam muitos metros de pano para cobrir o corpo. Não pode ver o corpo nem para tomar banho. Conforme vai relatando o fato na sessão, vai fazendo simultaneamente o gesto com o braço de desenrolar os panos. Penso que é uma representação de seu processo. Um longo desenrolar dos panos até chegar neste corpo engessado pelo lugar que lhe foi destinado, segundo estas articulações, pelo desejo materno.

Digo: "Você acha que ser freira foi um jeito de não olhar para seu corpo e identificá-lo como um corpo de mulher? Que você renunciou a ser mulher sendo freira? Você abdicou de sua vida sexual. Sempre fala que o homem para casar com você ainda não nasceu."

– Tem fundamento isto aí. Nunca tinha pensado nisto. Rindo, conta um episódio que aconteceu no convento de Belo Horizonte. Estavam na janela e um homem apareceu no portão e começou a se masturbar – ela diz "chacoalhar o pinto" e faz o gesto com a mão. Quanto mais freiras apareciam para olhar mais ele fazia. Umas e outras começaram a comentar que estavam pecando e que deviam se confessar. Ana diz que não, que ela não estava pecando. Ainda relata sobre sua conversa com uma irmã que disse que acha que ela está ótima, que tem muito mais energia do que qualquer outra pessoa para fazer de tudo. Disse que não faria a metade do que ela faz. Também conta que encontrou com uma colega que operou na mesma época e que está com câncer na coluna, muito envelhecida e sem cabelos de novo. Sente-se muito bem e acha que fui eu (não diz "análise"). Mas ninguém sabe que ela faz análise, é segredo. Somente nós duas sabemos de sua análise. Ela diz que ninguém sabe também da cirurgia que fez. Sua irmã ligou algumas vezes mas não sabia que tipo de cirurgia ela havia feito e nem o tratamento.

Ana Matilde, ao longo de três anos, apresentou sensível avanço na relação com seu corpo. Começou a nadar e passar cremes no corpo. Sempre apresenta um riso contido ao contar de suas façanhas. Parece que todas são trazidas como seus trunfos para mim.

Considerações finais

Gostaria de destacar algumas questões sociais e humanas ligadas ao tema do qual me ocupo. A proposta prática que resulta desta pesquisa é a presença do analista no hospital com o objetivo de acompanhar os pacientes que sofrem grandes cirurgias, acidentes, transplantes, vivências-limite – no nosso caso, as mulheres com câncer de mama. Vimos que o sofrimento humano é intenso nestas experiências e que o "cuidar", em seu sentido terapêutico – que deriva do grego *therapéu* – vem sendo esvaziado pelas práticas médicas como um todo. Na Grécia Antiga, o *thérapueter* era aquele que se colocava ao lado daquele que sofria, compartilhava da experiência da doença do paciente para compreendê-la antes de encaminhar seus conhecimentos para a cura, sem saber se poderia realmente curar, e que, para compreender a doença, interessava-se pela totalidade da vida do paciente, ouvindo-o antes de tudo. A inclinação – *klinos*, em grego, termo do qual deriva a palavra clínica – significava uma reverência, uma posição de respeito com relação ao sofrimento do doente.

No início, trabalhei com a transferência como eixo do trabalho, e é natural que isto se passe com um psicanalista. Sentia-me muito impotente diante desta constatação, pois sua conseqüência necessária e imediata seria a proposta de ensinar os médicos a serem psicanalistas, o que é um absurdo. Porém, ao longo da minha experiência foi possível enxergar o mesmo problema de outra perspectiva.

Sendo assim, quando nos referimos à função terapêutica, pouco importa, inicialmente, a especialidade daquele que a exerce. O terapeuta pode ser um médico, um psicólogo, um fisioterapeuta, uma enfermeira, enfim, qualquer pessoa que se disponha a acolher um pedido de ajuda vindo de alguém que busca um outro para compartilhar seu sofrimento. Sofrimento este que o próprio sujeito desconhece, mas que encontra no sintoma, na queixa, sua forma, quase sempre única possível naquele instante de sua vida.

Assim compreendida, a função terapêutica estrutura-se a partir de uma experiência primordial que nos constitui, que todos compartilhamos. Aquela que marca nossa existência desde a origem, sem a qual nosso desenvolvimento não teria sido possível. Por isso tomei a função materna e o desamparo do bebê como paradigma para desenvolver esta construção. No caso das mulheres adultas, tratadas neste trabalho, evidentemente, há diferenças em relação ao bebê, mas há semelhanças fundamentais. A função materna é exercida pela mãe nos primeiros tempos de vida do bebê, mas não lhe é exclusiva, podendo ser exercida por qualquer pessoa que cuida e em qualquer momento da vida em que o cuidar se faz necessário. A presença materna garante uma função protetora, como um *pára-excitações* para as sensações e experiências que o bebê ainda não é capaz de assimilar ou elaborar por si mesmo. Essa proteção propicia à criança um espaço de calmaria em meio às turbulências de sua chegada ao mundo. A mãe se constitui, através desta experiência, como organizadora de comportamentos e como intérprete das reações do bebê, com o que ela propicia gradualmente à criança a aquisição de competências específicas próprias, bem como o desenvolvimento autônomo em direção a níveis mais evoluídos e harmônicos de funcionamento. De sua parte, o bebê também é capaz de induzir a competência e o funcionamento materno, assim como, na relação terapêutica, o paciente também promove a competência do terapeuta.

O desamparo é, de tudo, o aspecto mais significativo a ser tratado nestes casos. Para se tornar uma vivência traumática é pela via do desamparo que esta se instaura. Nas formas mais extremas de angústia a paciente não pode mais tomar como referência o sexual, o mundo simbolicamente organizado, que anteriormente o organizava. "Só lhe resta o corpo desesperadamente excitado, acometido por um terrível gozo invasor, sem nome, sem lugar, sem história."[75]

Em *Moisés e o Monoteísmo* (1939), Freud conclui, antes de morrer, que é o seu próprio desamparo – fundamental e insuperável – que o homem deve enfrentar quando destruiu todos os ídolos erigidos para sustentar uma significação final a seu próprio ser e a sua existência. Quando se descobre abandonado pelos deuses que ele próprio criou, o homem tem de enfrentar o seu desamparo mais radical, o do lugar vazio do fiador último da história simbólica e da humanidade. Nesse contexto, seu próprio "eu" constitui um desses ídolos divinizados. É neste sentido que se faz necessário legitimar a construção do romance da história da doença, colocando-se no centro de suas articulações, pois, às vezes, são estes os únicos momentos que

[75] PEREIRA, M. E. C., *Pânico e Desamparo*, São Paulo, Escuta, 1999, p. 194.

permitem tal consideração de si. Experiências da ordem do acontecimento podem aproximar-se de uma pequena morte.

A construção do romance da doença permite, dentre outras coisas, que a paciente reconstrua sua relação com a vida, consigo mesma. Sobre isto, Freud (1915) faz uma consideração importante:

> *"a confusão e a paralisia (Lähmung) de capacidade de que sofremos são essencialmente determinados, entre outras coisas, pela circunstância de que somos incapazes de manter nossa atitude anterior em relação à morte, não tendo encontrado, ainda, uma nova"*[76].

São experiências que determinam uma mudança na relação com a morte, e por um período nada há que possa representar esta mudança. Por isso sugeri este momento como um período importante de trabalho, uma vez que as resistências se encontram mais afrouxadas e que há a necessidade de produzir representações a fim de evitar o traumático, tanto pelo acolhimento do desamparo quanto pela possibilidade de facilitar a produção de novas representações, ressaltando aqui que por um tempo, determinado por cada paciente, nada há que possa ocupar o lugar de sua identidade marcada pelo acontecimento.Tempo de angústia e desamparo.

Ao identificar o desamparo como a experiência do recém-nascido, Freud pensava na equivalência entre o nascimento e a tragédia. Ambos são marcados pela desorganização, pela impotência, pela sideração, pela extrema dependência de um outro para (re)organizar-se. Como não reconhecer o desamparo, como sugere Freud, na essência da experiência traumática? Mesmo que de forma menos intensa, o desconhecido, o sofrimento, o novo e a doença remetem o indivíduo a experiências da mesma natureza.

Entendi, portanto, que o desenvolvimento do sujeito é tributário de suas primeiras relações com seus semelhantes. As características

[76] FREUD, S., "Reflexões para os tempos de guerra e morte" (1915). *Obras Completas*, Rio de Janeiro, Image, Edição Standard Brasileira, 1976.

da presença materna influenciam as possibilidades e os limites desse desenvolvimento, bem como os recursos do indivíduo para lidar ao longo da vida com os conflitos e com suas experiências de prazer ou de frustração. Nesse sentido, espera-se muito das mães, isto é, propiciar ao bebê um bom equilíbrio entre os momentos de presença e ausência, de investimento e desinvestimento da criança. Diante da impossibilidade dessas experiências, configuram-se os distúrbios da relação mãe-criança, delineados em torno da carência ou do excesso de presença materna.

A possibilidade de experimentar a ausência materna e, conseqüentemente, a sensação de suas necessidades não satisfeitas, colocam o bebê diante da necessidade de recorrer à experiência alucinatória como tentativa de lidar com a experiência de não-satisfação. Tanto a impossibilidade de experimentar a ausência quanto a experiência de satisfação permanente são consideradas obstáculos para o desenvolvimento do bebê, uma vez que impedem que ele desenvolva a atividade alucinatória, a experiência de autonomia e de constituição do aparelho psíquico. É dessa forma que a função materna cria as condições para o surgimento e a evolução da atividade de fantasia e de representação, bem como para a integração por elas propiciadas de funções orgânicas, senso-motoras e psíquicas. É desta forma que se instaura, também, o comportamento auto-erótico, a alucinação do desejo e a entrada do pai, todos elementos estruturantes da vida psíquica do bebê.

Todo este preâmbulo serve para entendermos que tanto a função de cuidar, enquanto função terapêutica, quanto a demanda de quem precisa de cuidados, são herdeiras de todas estas experiências primeiras. Os momentos de sofrimento, de medo do desconhecido, em que nos sentimos ameaçados, como os que passam estas mulheres e tantos outros pacientes, são os momentos em que o desamparo se instaura, em que se reatualizam as experiências mais remotas – e é aí que o cuidar, o amparar, cumpre uma função terapêutica. O cuidar, como alguém que se coloca ao lado do paciente e inclina-se diante de sua dor, cumpre uma função suficiente em relação à situação de desamparo da paciente. A suficiência é fundamental porque é o desamparo, muito mais do que a experiência em si, que pode tornar uma experiência traumática.

O caráter súbito do aparecimento da doença e o desconhecido que se instaura no horizonte da vida destas pacientes revelam e, ao mesmo tempo, têm o poder de alimentar a fragilidade do sujeito. Nestes momentos o sujeito perde suas convicções, fica pouco disposto a enfrentar as dificuldades da realidade interna e externa e acaba, freqüentemente, vivendo processos de regressão, porém, desorganizados de funcionamento. O cuidar convoca o terapeuta a atuar nestas lacunas que se instauram a partir de um *acontecimento*, em momentos de crise, em que o sujeito perde suas representações para depois (re)encontrá-las. Nestas ocasiões somos solicitados a permitir, assim como no consultório, um *quantum* de contágio pela experiência do paciente para que efetivamente possamos chegar até onde ele está. Além disto, usamos recursos extremamente simples, porém fundamentais: perceber os mínimos indícios sensoriais, observar com acuidade os gestos, o olhar, o tom de voz, um momento de emoção que se manifesta pelos olhos marejados de lágrimas, a mão na boca, assinalando o quanto gostaria de dizer e se sente desencorajada, inibida – sinais absolutamente ligados ao que de fato se passa com a paciente naquele momento e que nos são de extrema valia para estes trabalhos pontuais. Na verdade, penso que todo analista deveria desenvolver esta prática. O corpo dá sinais muito verdadeiros do que de fato nos dispomos a cuidar. Mas é preciso vê-los e tomá-los em consideração. Permitir o contágio é pré-requisito para exercer esta função, pois este contágio implica o desejo de quem cuida, sua própria história, sua capacidade de sonhar.

Foi na forma de um estranhamento quanto ao fato das pacientes não falarem sobre o câncer no momento do diagnóstico que me permiti perguntar "Por quê?", e conseqüentemente me deixar contagiar pela experiência que elas viviam, não sem sofrimento e muita angústia. A resposta foi encontrada, em primeiro lugar, no meu desejo de estar com estas pacientes e encontrar alguma forma de ampará-las, e, em segundo lugar, através da vivência de uma verdadeira ruptura de campo, vivida na escuta, como analista. Encontrava-me num campo onde me descobri atravessada, num *a priori*, pelo que eu imaginava que as pacientes estavam passando, e, antecipadamente, fiquei engessada nestes pensamentos, sem entender porque elas não falavam do câncer ou não choravam copiosamente. Ao romper-se o campo entrei em contato com o que estava acontecendo com as pacientes e pude me dar conta do que estava acontecendo comigo. A partir daí, pude escutá-las. A ruptura de um campo é um instante lógico de impossibilidade de representação suficiente, seguido de reestruturação de outro campo, em que relações novas advirão. A Teoria dos Campos recupera o método psicanalítico, propondo que deixemos surgir algo do paciente para, então, tomar em consideração as formas de ser do desejo humano. Sem dúvida, cotejada pelo que Melanie Klein denominou dentificação projetiva:

> *"Este mecanismo, estreitamente relacionado com a posição paranóide-esquizóide, consiste numa projeção fantasmática para o interior do corpo materno de partes clivadas da própria pessoa do indivíduo, e mesmo desta na sua totalidade (e não apenas maus objetos parciais), de forma a lesar e controlar a mãe a partir do interior. Este fantasma (fantasia) é a fonte de angústias como a de estar preso e ser perseguido dentro do corpo da mãe; ou, ainda, a identificação projetiva pode, em compensação, ter como conseqüência que a introjeção seja sentida (...) como uma entrada à força do exterior no interior como castigo de uma projeção violenta. (...) A identificação projetiva surge pois como uma modalidade da projeção. (...) O emprego kleiniano da expressão 'identificação projetiva' é conforme ao sentido estrito que tende a reservar-se em psicanálise o termo 'projeção': rejeição para o exterior daquilo que o indivíduo recusa de si, projeção do que é mau".*[77]

[77] LAPLANCHE e PONTALIS, *Vocabulário da Psicanálise*, São Paulo: Martins Fontes, 1986, p. 302-3.

Isto faz parte de qualquer trabalho analítico e poder vivê-la foi, em parte, o que permitiu a construção deste trabalho.

O campo transferencial, como chamamos na Teoria dos Campos, é aquilo que determina que a relação deverá ser deste jeito e não possa ser de outro.

> *"Assim, a transferência não é propriamente a relação emocional (que seria observável e, portanto, consciente), mas sua condição de possibilidade, sua ordem de determinação. Esta não é acessível à observação (é inefável!) por ser inconsciente, tanto para o analista quanto para o paciente".*[78] 3

Mudamos o enquadre mas não o método, esta é a flexibilidade. A experiência com as pacientes propiciou em mim uma ruptura de campo que me permitiu escutá-las através de um enquadre totalmente modificado, numa analista modificada pela experiência, no entanto, foi preservado o método psicanalítico; e, mais fundamentalmente, permitiu, também, atravessar a resistência de olhar, e ver para onde elas me convocavam. Esta foi a verdadeira fonte deste trabalho.

Parti do pressuposto de que o registro no corpo, pela incisão cirúrgica, seria uma marca análoga às primeiras inscrições que se dão através do corpo. Não foi possível responder a esta questão, evidentemente. Mas não abri mão do problema. Há, muito claramente, uma mudança entre o momento do diagnóstico e a experiência da cirurgia. As mudanças mais visíveis são: tomar ciência de parte da realidade a partir do acontecimento no corpo; a vivência de fragmentação que impõe este acontecimento quando vivido no corpo. E as falas que aparecem são, em todos os casos atendidos, de temores, inibições, feridas narcísicas relacionadas ao amor e à sexualidade. Já o problema relacionado à mutilação explícita não implica a produção

[78] MINERBO, M., *C (À) O – TERAPEUTAS: O enquadre a serviço do Método na análise de uma adolescente*. Trabalho apresentado em reunião científica na SBPSP, São Paulo, 21 de junho de 2001.

de significações e sentidos do acontecimento por si só. Faz-se necessário um investimento do paciente e um investimento de um outro, qualquer outro. Embora não seja raro encontrarmos pessoas que, por terem passado por situações-limite, revêem seus valores, sua postura, isto implica mudanças inconscientes que, sabemos, não acontecem desta forma. Por isso, o mais importante é poder escutar o que, neste momento, falam as pacientes; e a clínica confirma isto, pois é precisamente o que surge neste momento que dará chão para a elaboração de representações sobre esta nova experiência. A experiência atual só poderá encontrar sentido *a posteriori* – o tempo traz uma diferença, na medida em que as pacientes vão encontrando na realidade recursos para seguir, como, por exemplo, exames que revelam o distanciamento da doença, a não disseminação da mesma. No entanto, no mínimo, seria desejável que ao doente fosse garantida legitimamente a possibilidade de reconstruir a história, incluindo nesta o romance de sua doença.

Dois pontos precisam ser ressaltados: a questão da sexualidade e do corpo, associada aos aspectos identificatórios das meninas com suas mães. Infelizmente, um desenvolvimento mais aprofundado sobre estes dois temas ficará para um próximo trabalho. Mas a clínica indica que é necessário um exame minucioso destes aspectos em relação às mulheres de modo geral, e talvez destas em particular. Tanto a relação que as mulheres estabelecem com seu corpo/sujeito quanto com a sexualidade encontram-se fortemente marcadas por problemas em todos os casos atendidos.

Pode-se questionar sobre a indicação direta da presença de um analista em relação às pacientes. Todo meu trabalho foi feito baseado justamente nesta especificidade clínico institucional. É claro que não há como determinarmos isto, por inúmeras razões, no entanto, esta perspectiva faz diferença. É semelhante a um analista pensar um psicótico, um neurótico, como temos na clínica de consultório, e se perguntar qual a diferença entre ele fazer análise ou não. É evidente que faz diferença, diga-se de passagem, dependendo do encaminhamento e do *quantum* de responsabilidade que o analista puder sustentar, a diferença pode ser para o bem e para o mal andamento dos processos. Assim como um tratamento médico que possa ser feito em tempo hábil, precocemente, ainda que com todos os obstáculos que descrevemos neste trabalho, faz diferença – neste caso, de vida ou morte.

A perda do seio e sua representação pela mutilação não se reduzem aos procedimentos eficazes, aos quais infelizmente só muito poucos têm acesso. O seio é representante de amores muito significativos da vida de uma mulher. Também representa seus desejos de cuidar, de ser cuidada, como foi por sua mãe e como o fez se foi mãe, bem como as carícias que aí ficam inscritas para sempre dos amores que viveu como mulher adulta. A mutilação nos remete às feridas narcísicas que estes mesmos amores deixaram, às perdas pelas quais passaram, separações, mortes, e à dor que, freqüentemente ainda viva, às vezes escondida, dissimulada, é reavivada nesta experiência. Nesse sentido, mesmo a reconstrução mamária, procedimento tão importante para estas mulheres, não apaga a mutilação e a perda do seio. Há que se fazer este luto: luto do seio perdido e de seus representantes simbólicos, os quais a vida privou a muitas, assim como há outras tantas formas de privação, de amputação de dor para todo ser humano.

Bibliografia

ANDRADE, C. A. *Corpo*, Rio de Janeiro: Record, 1987.

ANZIEU, D. *O Eu-Pele*, São Paulo: Casa do Psicólogo, 1989.

AULAGNIER, P. *Cuerpo, Historia, Interpretación*, Buenos Aires: Paidós, 1994.

________. *Um intérprete em Busca do Sentido I*, São Paulo: Escuta, 1990.

________. *Um Intérprete em Busca do Sentido II*, São Paulo: Escuta, 1990.

BASTOS, L. A. M. *Eu-corpando*, São Paulo: Escuta, 1998.

BENOIT, P. *Psicanálise e Medicina*, Rio de Janeiro: Zahar, 1993.

BERLINCK, Manoel Tosta. "A Dor". *Revista Latino-Americana de Psicopatologia Fundamental*, vol. II, nº 3, set/1999.

BIRMAN, J. e NICÉAS, A. C. *O Objeto na Teoria e na Prática Psicanalítica*, Campus, 1984.

BIRMAN, J. *Ensaios da Teoria Psicanalítica*, Rio de Janeiro: Zahar, 1993.

________. *Freud e a Interpretação Psicanalítica*, Rio de Janeiro: Taurus-Timbre, 1989.

BIRMAN, J. *Mal-estar na Atualidade*, Rio de Janeiro: Civilização Brasileira, 2001.

BLEICHMAR, H. *Depressão*, Porto Alegre: Artes Médicas, 1983.

________. *O Narcisismo*, Porto Alegre: Artes Médicas, 1985.

BRUN, Danièle. "Medicina e Psicanálise: trocas e colaboração". *Pulsional – revista de Psicanálise*, ano XII, nº 118, fev/1999.

COELHO JUNIOR, N. *A Força da Realidade na Clínica Freudiana*, São Paulo: Escuta, 1995.

DEJOURS, C. *Repressão e Subversão em Psicossomática – Investigações Psicanalíticas sobre o Corpo*, Rio de Janeiro: Zahar, 1991.

DOLTO, F. *A Imagem do Inconsciente do Corpo*, São Paulo: Editora Perspectiva, 2001.

FERENCZI, S. *Obras Completas*, São Paulo: Martins Fontes, 1992.

FIGUEREDO, L. C., *Escutar, Recordar, Dizer*, São Paulo: Educ/ Escuta, 1994.

FOUCAULT, M. *O Nascimento da Clínica*, Rio de Janeiro: Forense – Universitária, 1997.

FREUD, S. *Obras Completas*, Rio de Janeiro: Imago, Edição Standard Brasileira, 1976.

GREEN, A. *Narcisismo de Vida – Narcisismo de Morte*. São Paulo: Escuta, 1988.

HERRMANN, F. *Clínica Psicanalítica*. São Paulo: Editora Brasiliense, 1991.

________. *O Método da Psicanálise*. São Paulo: Editora Brasiliense, 1991.

________. *Psicanálise da Crença*. Porto Alegre: Artes Médicas, 1998.

HINSHELWOOD, R. D. *Dicionário do Pensamento Kleniano*. Porto Alegre: Editora Artes Médicas, 1992.

KHEL, M. R. O Sexo, a Morte, a Mãe e o Mal, *Pulsional Revista de Psicanálise: Catástrofe e Representação*, ano XI-XII, nº 116-117, dez/ 1998-jan/1999.

LACAN, J. *O Seminário*, Rio de Janeiro: Zahar, 1995.

LAPLANCHE, J. *A Angústia*, São Paulo, Martins Fontes, 1987.

________. *Castração Simbolizações – Problemáticas II*, São Paulo: Martins Fontes, 1988.

________. *Novos Fundamentos para a Psicanálise*. São Paulo: Martins Fontes, 1993.

LAPLANCHE, J. e PONTALIS, J.B. *O Vocabulário da Psicanálise*, Lisboa: Moraes, 1997.

LECLAIRE, S. *O Corpo Erógeno*, São Paulo: Escuta, 1992.

McDOUGALL, J. *As Múltiplas Faces de Eros*, São Paulo: Martins Fontes, 2001.

________. *Em Defesa de Uma Certa Anormalidade*, Porto Alegre: Artes Médicas, 1983.

________. *Teatros do Corpo*, São Paulo: Livraria Martins Fontes Editora, 1991.

________. *Teatros do Eu*, Rio de Janeiro: Francisco Alves, 1992.

MEZAN, R. *Freud Pensador da Cultura*, São Paulo: Editora brasiliense, 1990.

________. *Freud: A Trama dos Conceitos*, São Paulo: Editora Perspectiva, 1987.

________. Do Auto-erotismo ao Objeto: a Simbolização segundo Ferenczi, *Revista Percurso*, nº 10, ano VI, 1º sem/1993.

NASIO, J.-D. *O Livro da Dor e do Amor*, Rio de Janeiro: Zahar, 1997.

NORBERT, E. *O Processo Civilizador*, Rio de Janeiro: Zahar, 1994.

PEREIRA, M. E. C. *Pânico e Desamparo*, São Paulo: Editora Escuta, 1999.

PINHEIRO, T. *Do Grito à Palavra*. Rio de Janeiro: Zahar, 1995.

PONTALIS, J. B. *Entre el Sueño y el Dolor*, Buenos Aires: Editorial Sudamericana, 1978.

ROSA, M. D. *Histórias que não se contam*, São Paulo: Cabral Editora Universitária, 2000.

ROSSI, C. Trauma e Sexualidade, *Revista Brasileira de Psicanálise: XVI Congresso Brasileiro de Psicanálise – Sexualidade e Prática Analítica*, vol. 30, nº 3, 1996.

ROUDINESCO, E. e PLON, M., *Diccionario de Psicanálise*, Rio de Janeiro: Zahar, 1998.

SANT'ANA, D. B. *Corpos de Passagem*, São Paulo: Estação Liberdade, 2001.

SCHILLER, P. *A Vertigem da Imortalidade*, São Paulo: Companhia das Letras, 2000.

VOLGO, M. J. Del. *O Instante de Dizer*, São Paulo: Escuta, 1998.

VOLICH, R. M. *Psicossomática*, São Paulo: Casa do Psicólogo, 2000.

Ausência

Por muito tempo achei que a ausência é falta.
E lastimava, ignorante, a falta.
Hoje não a lastimo.
Não há falta na ausência.
A ausência é um estar em mim.
E sinto-a, branca, tão pegada, aconchegada nos meus braços,
Que rio e danço e invento exclamações alegres,
Porque a ausência, essa ausência assimilada,
Ninguém a rouba mais de mim.

Carlos Drummond de Andrade